tudo é história
35

Ladislau Dowbor

FORMAÇÃO
DO TERCEIRO MUNDO

editora brasiliense

Copyright © by Ladislau Dowbor, 1982

*Nenhuma parte desta publicação pode ser gravada,
armazenada em sistemas eletrônicos, fotocopiada,
reproduzida por meios mecânicos ou outros quaisquer
sem autorização prévia da editora.*

*Primeira edição, 1982
2ª edição, revista e atualizada, 1993
3ª reimpressão, 1997*

Preparação: Carlos R. de Carvalho
Revisão: Ana Maria Barbosa e Irene Hikishi
Capa: 123 (antigo 27) Artistas Gráficos

Dados Internacionais de Catalogação na Publicação (CIP)
(Câmara Brasileira do Livro, SP, Brasil)

Dowbor, Ladislau, 1941-
    Formação do terceiro mundo / Ladislau Dowbor. — 15.
ed., rev. e atual. — São Paulo : Brasiliense, 1994. (Coleção tudo é história ; 35)

ISBN 85-11-02035-7

1. Países em desenvolvimento 2. Países em desenvolvimento — Condições econômicas I. Título. II. Série.

94-2671   CDD-338.90091724

Índices para catálogo sistemático:
1. Terceiro mundo : Política econômica 338.90091724

EDITORA BRASILIENSE S.A.
*R. Barão de Itapetininga, 93 - 11º a.
01042-908 — São Paulo — SP
Fone (011) 258-7344 — Fax 258-7923*
Filiada à ABDR

SUMÁRIO

Introdução: O Terceiro Mundo	7
A economia política do desenvolvimento	10
Polarização Norte-Sul: os dados básicos	13
A Revolução Comercial	23
A Revolução Industrial	31
A expansão imperialista	40
A reestruturação do capitalismo dominante: 1913-1948	46
A expansão multinacional: 1948-1974	51
A crise e a industrialização do Terceiro Mundo	58
Aspectos financeiros da crise	74
A luta por uma nova ordem internacional	85
Indicações para leitura	92

"Nada te pertencerá legitimamente
enquanto a outrem faltar
o necessário."

Marat

INTRODUÇÃO: O TERCEIRO MUNDO

Há dois séculos, o economista inglês Adam Smith dividia o mundo de forma simples em "nações selvagens" e "nações prósperas e civilizadas". A Inglaterra, é claro, estava entre estas últimas. E nós, entre as primeiras, entre as selvagens. Como também estavam entre as selvagens nações de riqueza cultural e de tradições históricas como a China, o Egito e tantas outras.

Como foi que esta linha divisória entre selvagens e civilizados deslocou-se, englobando praticamente num mesmo grupo a América Latina, a Ásia e a África, e criando o que hoje se chama o Terceiro Mundo?

Hoje, é claro, já não somos selvagens: fomos promovidos a colônias e, mais tarde, a nações. Nações subdesenvolvidas e, depois de muitos protestos, nações "em vias de desenvolvimento", o que podia significar que, apesar de nações de segunda categoria, estávamos em vias de atingir a primeira. Hoje, mais delicadamente, somos o "Sul", participantes de um diálogo Norte-Sul cada vez mais entravado.

Na realidade, ninguém se ilude: todos sabemos, neste mundo de 180 países que encolheu prodigiosamente nos últimos anos — com a internacionalização da economia e o progresso dos transportes e das comunicações —, quem está por cima e quem está por baixo, quem dita as regras e quem a elas obedece, quem é o "Primeiro" Mundo, e quem é o Terceiro.

O mundo do século XX se viu atravessado por duas correntes fundamentais: por um lado, enquanto um grupo de 24 países, o chamado "Norte", atingiu níveis de prosperidade historicamente sem precedentes, o resto do mundo viu-se precipitado numa desorganização econômica e em contradições crescentes que o paralisam e deformam seu desenvolvimento. Por outro lado, um conjunto de países, atingindo um terço da população mundial, rompeu com o processo de polarização Norte-Sul, buscando no socialismo a solução das contradições criadas. Fruto da busca do compromisso necessário entre a eficiência do lucro e a justiça social, esse universo ruiu como alternativa global ao sistema capitalista, ao mesmo tempo que o conjunto da economia mundial enfrenta novas contradições e transformações.

O mecanismo que nos interessa aqui é justamente o da polarização, da divisão do mundo em "civilizados" e "selvagens", em desenvolvidos e subdesenvolvidos, em Norte e Sul. Ou seja, interessa-nos a formação do Terceiro Mundo.

Visamos assim trazer elementos de resposta a um problema-chave: por que temos, neste mundo capitalista, essas diferenças tão profundamente marcadas, entre o grupo das democracias, por um lado, e o caos político do outro; a prosperidade relativamente ampla e a prosperidade concentrada em minorias arrogantes; desenvolvimento equilibrado e desenvolvimento desintegrado. E por que, nestes últimos cinqüenta anos de crescimento industrial, de progressos tecnológicos e científicos sem precedentes, as diferenças se aprofundam.

Não é por acaso que as revoluções socialistas e a ruptura com o sistema capitalista mundial ocorreram nos países que tiveram que suportar o ônus negativo da "riqueza das nações" e não, como o previa Marx, em países do Norte. E o próprio socialismo viu-se profundamente marcado por este seu parto em sociedades deformadas pelo capitalismo mundial, com proletariados limitados, com massas camponesas miseráveis.

Criou-se, no Brasil, uma certa moda, a de sermos diferentes. Sem dúvida o somos. Mas o Brasil não é só São Paulo e alguns centros mais: é também Maranhão, Piauí, entre 15 e 20 milhões de desempregados e subempregados, mais de 50 milhões de subnutridos, um mundo urbano caótico, miserável e violento. Somos diferentes mas, indiscutivelmente, subdesenvolvidos. Quando muito, o nosso subdesenvolvimento é mais mecanizado.

O nosso destino está estreitamente vinculado ao conjunto do Terceiro Mundo, e sofremos, mais que os outros, os efeitos da presença das multinacionais, da dívida externa, de um pseudodesenvolvimento pago com a espoliação da agricultura e dos recursos naturais do país. Os nós que nos vinculam ao processo global são firmes.

Existem hoje milhares de estudos detalhados sobre o problema. Muitas vezes, no entanto, de tanto analisar as árvores e as folhas, perdemos de vista a floresta, os fatos essenciais. Estes nos parecem bem focados na declaração simples de Luis Echeverria: "Não pode existir uma comunidade de homens livres que possa basear-se indefinidamente na exploração, na miséria e na ignorância da maioria. A história, mestra e mãe, revelou-o com sangue, com dor e com lágrimas".

A ECONOMIA POLÍTICA DO DESENVOLVIMENTO

Até uma fase muito recente, o estudo da economia dos países em desenvolvimento não existia como ciência. A fraqueza da pesquisa científica explica em grande parte esta não existência, ou manifestação tardia da ciência econômica dos países subdesenvolvidos, e pode-se dizer que, na realidade, o estudo da economia do desenvolvimento e das suas manifestações específicas data desta segunda metade do século XX.

Além de nascer tardiamente, a economia do desenvolvimento nasce deformada. Com efeito, na falta de um aparelho conceitual específico e adequado à realidade do Terceiro Mundo, os economistas recorreram de maneira geral a uma transposição da ciência econômica existente, criada em função da problemática dos países industrializados, para explicar problemas de subdesenvolvimento.

Esta tendência à transposição teórica nota-se nos estudos marxistas, levando, por exemplo, durante uma longa fase, ao estudo da realidade do Brasil através da busca de segmentos da realidade européia, como o feudalismo, ou de uma sucessão de modos de produção conforme à que foi estudada por Marx na Europa.

Mas é notada, também, entre os defensores do capitalismo. Assim é que até hoje sentimos a enorme influência de Keynes, autor de um estudo penetrante da realidade do Ocidente industrializado que, aplicado ao Terceiro Mundo, conduz a propostas que não levam em conta a dimensão estrutural dos nossos problemas. A não aplicabilidade dos modelos da economia desenvolvida ao Terceiro Mundo resulta essencialmente de se tratar, num campo, de problemas de conjuntura, de funcionamento de economias maduras, enquanto se trata, no outro campo, de resolver problemas de estrutura, ou seja, de construção de economias novas.

Uma forma de transposição de teorias econômicas a uma realidade diferente é a busca de identificação do subdesenvolvimento econômico com a situação que prevalecia nas economias do Norte, como é chamado hoje o mundo industrializado, numa época anterior. É característica deste estilo a proposta de reorientação econômica dos países pobres no sentido da privatização e liberalismo generalizado: constatando-se que a pujança do capitalismo desenvolvido deveu-se em grande parte ao capitalismo concorrencial que caracterizou o século XIX, propõe-se hoje para os países subdesenvolvidos a aplicação da mesma fórmula: respeito total às leis do mercado, liberdade total de acumulação de lucro, eliminação do protecionismo alfandegário, redução do espaço de intervenção do Estado.

O problema, no entanto, é que os países subdesenvolvidos que hoje buscam o caminho do seu arranque econômico real estão num mundo em que já existem o Norte e as potentes transnacionais que controlam o essencial da economia mundial. No tempo em que a Inglaterra se desenvolvia, a sua indústria era precária segundo os critérios de hoje, mas era a mais potente do mundo, e não havia outros países mais fortes contra os quais a Inglaterra precisasse de proteção. Hoje, os subdesenvolvidos tentam ocupar um lugar já tomado por grandes potências cuja maturidade econômica não é comparável. E o liberalismo serve, como é óbvio, ao mais forte.

Assim, o mundo subdesenvolvido enfrenta problemas econômicos específicos. Esta problemática nova pode ser caracterizada pelo fato de se tratar de um processo de estruturação das economias, de um lado, e, de outro, de esta estruturação dar-se num mundo já desenvolvido e em meio a um espaço econômico já ocupado.

É este o campo específico da economia do desenvolvimento, ciência que cobre, ao mesmo tempo, a problemática da economia mundial que está na raiz do subdesenvolvimento moderno, e a problemática da luta por um desenvolvimento mais equilibrado de cada país.

A especificidade da problemática e da teoria econômica no Terceiro Mundo encontra hoje uma resposta na estruturação progressiva do movimento dos economistas do Terceiro Mundo, que buscam respostas adequadas — e não mais cópias mal adaptadas — ao drama do subdesenvolvimento.

POLARIZAÇÃO NORTE-SUL:
OS DADOS BÁSICOS

Abordar o estudo do subdesenvolvimento como área específica implica entender corretamente o processo do subdesenvolvimento, estudar as suas causas.

O mundo tem atualmente cerca de 5,3 bilhões de habitantes. O processo de subdesenvolvimento manifesta-se antes de tudo na polarização crescente entre um grupo de países, o chamado Norte, que compreende cerca de 24 países e uma população de cerca de 800 milhões de habitantes em 1991, e o grupo de países do chamado Sul, que compreende cerca de 140 países (o número varia ligeiramente segundo as classificações) e uma população de aproximadamente 2,8 bilhões de pessoas. Se acrescentarmos a estes 2,8 os 1,1 bilhão da China, teremos quase 4 bilhões de pessoas, quatro quintos da população mundial. Os demais 400 milhões de pessoas compõem os países do Leste europeu, que seguem uma dinâmica própria de reestruturação, e, em todo caso, não criaram o seu próprio "Sul".

Esta polarização é relativamente recente, em termos históricos. Paul Bairoch, ao estudar o processo de diferenciação entre 1770 e 2000, chega ao seguinte quadro comparativo:[1]

EVOLUÇÃO DO PRODUTO INTERNO BRUTO POR HABITANTE
— 1770-1970 — EM DÓLARES E PREÇOS
DOS ESTADOS UNIDOS DE 1970

Países	1 770	1 870	1 970
Países desenvolvidos ocidentais	210	550[a]	3.300
Europa	220	560	2.500
Estados Unidos		550	4.900
Países subdesenvolv. ocidentais	170	160	340
América Latina			730
Ásia			260
África			270

[a] Japão não incluído; com o Japão a cifra seria 510 dólares.

Dois fenômenos aparecem neste quadro: primeiro, vemos que até uma época relativamente recente havia diferenças de PIB por habitante, mas globalmente o nível de vida era comparável. Enquanto isto, em 1970 já notamos uma diferenciação prodigiosa, e a diferença prevista por Bairoch para o ano 2000 é de 1:25, ou seja, uma produção por habitante 25 vezes maior no grupo de países ricos, relativamente aos países em desenvolvimento.

---

1. Paul Bairoch, "Les écarts de niveaux de développement économique entre pays développés et pays sous-développés de 1770 à 2000", *Revue Tiers-Monde*, Paris, 1971, p. 503 (nº 47).

Como se apresenta a evolução recente do fenômeno? O quadro seguinte representa aproximações, mas a imagem global que aqui queremos mostrar é correta:

PRODUTO NACIONAL BRUTO POR HABITANTE: 1988

Países	Pop. 1990 (milhões)	% da Pop.	Per capita Dólares 1990
"Norte" (OCDE)	800	15%	17.500
Leste europeu	400	8%	6.000
Em desenvolvimento	4.100	77%	750
- China	(1.100)	(21%)	(330)
Mundo	5.300	100%	3.500

Fonte: As cifras representam ordens de grandeza, baseadas em dados do *Relatório sobre o Desenvolvimento Mundial 1992*, do Banco Mundial, e *Relatório sobre o Desenvolvimento Humano 1992*, das Nações Unidas. As cifras para o Leste europeu, em particular, que utiliza contabilidade diferente, são pouco comparáveis e estão incluídas apenas como ponto de referência.

É evidente que o próprio Terceiro Mundo apresenta uma grande diversidade interna, compreendendo exportadores de petróleo que atravessaram uma fase de grande disponibilidade de recursos, países semi-industrializados muito dinâmicos como os quatro "tigres" asiáticos, gigantes de economia profundamente desequilibrada como o Brasil ou a Índia, e economias extremamente pobres como a maioria dos países asiáticos e africanos.

Mas, no essencial, constatamos que a polarização progrediu muito rapidamente, sendo hoje da ordem de 1 para 24. E é preciso lembrar que no próprio grupo de subdesenvolvidos há um conjunto de países, com aproximadamente 3 bilhões de habitantes, que sobrevivem com um produto nacional bruto médio de aproximadamente 360 dólares por pessoa, o que torna extremamente difícil qualquer esforço realista de arranque econômico.

As taxas anuais de crescimento dos diversos países são bastante semelhantes, com exceção da China, que no período 1980-1990 teve um crescimento anual de mais de 9,5%. No geral o mundo capitalista tem um crescimento anual por habitante situado entre 2 e 2,5%. Mas os pontos de partida sendo muito diferentes, estas porcentagens escondem uma polarização muito grande em termos absolutos. Assim é que 2% de aumento para os países ricos representam um aumento absoluto de 400 dólares por pessoa e por ano, enquanto 2,5% para os países em desenvolvimento representariam um aumento anual de apenas 20 dólares. A porcentagem neste exemplo seria maior para os países pobres, mas a distância entre ricos e pobres aumentaria em 380 dólares.

O Clube de Roma resumia esta situação, tempos atrás, com cifras mais fortes, mas da mesma ordem de grandeza: entre 1970 e 1975, o produto por habitante teria progredido de 180 dólares por ano nos países do Norte, de 80 dólares no Leste, e de 1 dólar no Sul. Em 1992, o Banco Mundial estima que em 1990, a renda per capita dos pobres aumentou em 2,4%, ou seja de 8 dólares, enquanto a dos ricos aumentou em 1,6%, ou seja de 338 dólares.[2]

A discussão sobre se se trata de 1 dólar ou de 20 dólares tem pouca importância, porque as cifras são igualmente ridículas. E nos anos 1980 e 1990 tomou maior importância um fato novo: a regressão econômica do Terceiro Mundo, com a

---

2. Banco Mundial, *Relatório sobre o Desenvolvimento Mundial 1992*, Washington, 1992, p. 196, Tabela A.1. O relatório é editado em português pela FGV.

exceção da China e do grupo dos "tigres" asiáticos situados na "esfera de co-prosperidade" do Japão.

"Entre 1980 e 1987", nos informa o *Relatório sobre o Desenvolvimento Humano 1990,* das Nações Unidas, "a parte dos países em desenvolvimento no produto mundial caiu quase de 2 pontos, de 18,6% para 16,8% (...). Em 17 países latino-americanos e do Caribe a renda per capita caiu nos anos 1980. A renda média per capita na região sofreu um declínio de 7% entre 1980 e 1988, e de 16% se levarmos em conta a deterioração dos termos de troca e a saída de recursos."[3]

O Banco Mundial, por sua vez, nos informa que "o nível de vida de milhões de pessoas na América Latina está agora mais baixo do que no início dos anos 1970. Na maioria dos países da África sub-sahariana os níveis de vida caíram abaixo do que eram nos anos 1960.(...) Para grande parte dos pobres do mundo, a década dos anos 1980 foi uma década perdida — realmente um desastre".[4]

A amplitude do "desastre" está hoje atingindo a dimensão de uma tragédia mundial. O quadro geral é apresentado de forma clara no *Relatório sobre o Desenvolvimento Humano 1990,* das Nações Unidas:

"Uma em cada seis pessoas do Sul sofre diariamente de fome. Cerca de 150 milhões de crianças de menos de 5 anos sofrem de desnutrição grave, ou seja, uma em cada três crianças. Destas crianças morrem anualmente cerca de 14 milhões, a esmagadora maioria de subnutrição ou de doenças já dominadas nos países desenvolvidos. As pessoas que não têm acesso a cuidados primários de saúde ainda são mais de 1,5 bilhão.

---

3. *Human Development Report 1990*, United Nations, pp. 25 e 34.
4. *World Developmente Report 1990*, World Bank, p. 7.

Quase 3 bilhões de pessoas não têm acesso a saneamento adequado. A mortalidade materna é doze vezes mais elevada nos nossos países do que no Norte. Cerca de 100 milhões de crianças em idade escolar estão fora da escola primária. Quase 900 milhões de adultos são analfabetos. Em média vivemos doze anos a menos do que os habitantes do Norte. Mais de um bilhão de pessoas vivem em estado de pobreza absoluta, e a renda *per capita* durante os anos 1980 diminuiu de 2,4% ao ano na África sub-sahariana e de 0,7% ao ano na América Latina".

Como o Sul pode se sair com uma situação destas? A realidade é que o Norte dispõe de milhares de dólares por habitante para comprar máquinas, realizar novos investimentos e aumentar ainda mais rápido o seu per capita, enquanto o Sul...

Hoje esta situação leva a uma crise internacional generalizada. Não é mais possível equilibrar o desenvolvimento de uma economia que se mundializou nesta segunda metade do século, quando os proveitos do desenvolvimento estão indo sempre para o mesmo lado, gerando processos cumulativos de enriquecimento e de empobrecimento relativo de cada lado da balança.

O sistema capitalista, hoje, tem, *grosso modo*, um quinto de habitantes numa zona rica, o Norte, e quatro quintos de habitantes na zona pobre. Em termos comparativos, a polarização atingida ultrapassa o que já se conheceu de polarização entre burguesia e proletariado em qualquer país, e há limites às injustiças em qualquer sistema. As cifras aqui apresentadas são subestimadas, na medida em que trabalhamos com médias: na realidade o cidadão do Norte dispõe em média de sessenta vezes mais recursos do que os 3 bilhões de pobres do planeta, ainda que não tenha, seguramente, sessenta vezes mais filhos

Formação do Terceiro Mundo

para educar. E a população dos ricos cresce em 4 milhões de pessoas por ano, enquanto a dos pobres aumenta em 59 milhões.

Esta é, sem dúvida, a raiz da crise atual. E em torno deste fato organizam-se e exprimem-se as principais posições relativamente às formas de sair da crise e de criar uma nova ordem mundial que permita a todos respirar novamente.

No mundo dos ricos, no Norte, há fundamentalmente duas posições, contraditórias. Uma expressou-se no histórico *Relatório Brandt,* que veiculou sob este nome a posição do patronato esclarecido do Ocidente, convencido da necessidade de se proceder a uma revisão global no sentido da redistribuição massiva de renda para o Sul. Assim, o *Relatório Brandt* viu na transformação do sistema internacional não uma atitude filantrópica e sim "uma sólida compreensão dos próprios interesses".

A outra posição, oposta, que prevaleceu no Norte, pode ser evidenciada pelo que foi a política das administrações Reagan e Bush, ou de Margareth Thatcher: na crise, em vez de buscar a democratização do sistema e a redistribuição de renda preconizada no *Relatório Brandt,* deve-se melhorar a situação dos próprios ricos, para que estes possam relançar a economia. Assim, a tendência é de se reforçar o sistema de exploração internacional, tornar mais duras as condições de empréstimos para o Terceiro Mundo, reduzir o preço pago pelas matérias-primas oriundas do Terceiro Mundo, promover nestes a contenção salarial, esperando que os efeitos positivos para os países ricos resultem indiretamente na dinamização dos países pobres. O sistema de soluções assim proposto também tem a sua lógica, e reflete o que era proposto nos primeiros anos da crise de 1929.

Consiste, no entanto, em aprofundar o sistema de injustiça que está justamente na raiz da crise, e, ao trazer vantagens e um alívio imediato para o Norte, leva a um impasse mais profundo a médio prazo.

Quanto ao Sul, a sua posição pode ser melhor espelhada pelo "Plano de Ação de Lagos", adotado pelos chefes de Estado africanos: "Foi-nos imposto um sistema econômico que limita a amplitude de utilização dos nossos recursos naturais, e que nos coloca numa camisa-de-força, levando-nos a produzir o que não consumimos e a consumir o que não produzimos, bem como a exportar matérias-primas a preços baixos e em geral declinantes, para importar produtos acabados ou semi-acabados a preços elevados e crescentes. Nenhum programa de libertação econômica pode ter sucesso se não se romper este sistema de subjugação e de exploração. Os recursos da região devem ser aplicados, antes de tudo, em função das nossas próprias necessidades e dos nossos próprios objetivos". Trata-se de uma declaração dura, que emana de mais de quarenta chefes de Estado, e não de áreas de pesquisa econômica.

No entanto, o Terceiro Mundo espelha igualmente a posição conflitante que se vê no Norte, quanto às formas de enfrentar a polarização Norte-Sul e a crise que esta gerou. Como no Norte, o grosso das burguesias do Sul prefere ainda a solução a curto prazo, baseada na contenção salarial e no reforço da exploração, "para poder enfrentar a crise" partindo da constatação, lógica mas insustentável a partir de certos limites, de que o capitalista só vai investir se ganhar muito dinheiro.

Na realidade, o problema é estrutural, e as soluções deverão ser estruturais, buscando uma revisão geral das condições que levam ao aprofundamento da polarização mundial.

Voltamos assim ao nosso problema central: para resolver o problema da crise, é preciso resolver o do subdesenvolvimento, e o ponto de partida de uma busca racional de soluções implica, em primeiro lugar, que os próprios economistas do

Terceiro Mundo tomem em mãos a busca das suas soluções, e, em segundo lugar, que os problemas do desenvolvimento, entendidos como área específica, sejam enfrentados com remédios que correspondam à situação real.

O Terceiro Mundo viveu esses últimos anos um processo indiscutível de modernização, mas de uma modernização que se caracterizou pela importação de segmentos do modelo de desenvolvimento do Norte, que o levou a um impasse. Hoje, a tarefa-chave que se coloca é uma busca de caminhos novos, e sobretudo próprios. Para isto, o ponto de partida é, evidentemente, uma sólida compreensão das raízes do próprio subdesenvolvimento que se pretende romper.

Buscar as razões da polarização mundial que ora paralisa o sistema capitalista exige uma análise do próprio processo de formação do capitalismo. Durante longo tempo, esta análise centrou-se nos aspectos nacionais do capitalismo, em particular na polarização entre as duas classes mais importantes do sistema em desenvolvimento, a burguesia e o proletariado industrial. O próprio Marx, ao analisar a acumulação do capital, utiliza como objeto de análise a Inglaterra.

A análise do "imperialismo", ou seja, do fenômeno de monopolização das atividades capitalistas e de expansão para as novas fronteiras do Terceiro Mundo, foi muito mais desenvolvida em termos de estudo dos mecanismos do capitalismo dominante, dos países do hoje chamado Norte, do que propriamente em termos de exame dos efeitos econômicos e sociais nos países subdesenvolvidos.

Essa fase clássica da teoria do imperialismo, que nos deu os valiosos trabalhos de Bukharin, Lênin, Hobson, Hilferding, Rosa de Luxemburgo e outros, é, portanto, nitidamente insuficiente para explicar a realidade atual. Primeiro, porque não foca o problema do ponto de vista dos países subdesenvolvidos.

Segundo, porque deixa poucas bases conceptuais para analisar os processos modernos de internacionalização do capital, já em escala mundial. Enfim, porque deixa de lado uma fase essencial de expansão internacional do capital, durante os séculos que precederam a fase imperialista clássica.

Assim, a teoria atual do processo de desenvolvimento internacional do capitalismo aborda o problema partindo do ponto de vista dos países do Sul, e abre o conceito clássico de imperialismo para abranger tanto os séculos precedentes, partindo na realidade do século XVI, como as formas modernas de internacionalização da produção. Em outras palavras, estuda-se o processo de acumulação de capital em escala mundial desde as suas origens, utilizando o conceito de capitalismo mundial como ponto de referência.

O estudo do capitalismo mundial levou a uma periodização do sistema, em termos das grandes fases de sua transformação e da sua internacionalização. As grandes etapas do capitalismo são, deste ponto de vista, as seguintes:

— revolução comercial (século XVI)
— revolução industrial (séculos XVIII-XIX, segundo os países)
— expansão imperialista (fim do século XIX, início do século XX)
— a reestruturação do capitalismo dominante (1913-1948)
— expansão multinacional (1948-1974)
— início da crise (1974...).

A cada uma destas etapas correspondem transformações estruturais no processo de acumulação do capital no centro, novas teorias econômicas e transformações estruturais de profundidade crescente na periferia, nos países hoje subdesenvolvidos. Em cada etapa, é necessário debruçar-se um pouco sobre cada um destes problemas: as estruturas no centro, as teorias econômicas, as estruturas na periferia.

A REVOLUÇÃO COMERCIAL
(SÉCULO XVI)

O capitalismo nascente apoiou-se, inicialmente, no comércio internacional, no Estado e na concepção monetária da riqueza. Em termos extremamente esquemáticos, pode-se dizer que uma das razões mais importantes que levaram o comerciante europeu a se esforçar nesta época em buscar o "comércio longínquo" foi a própria estrutura feudal. Os feudos, dividindo os países em pequenas áreas compartimentadas, tornavam extremamente difícil o desenvolvimento das trocas comerciais internas, desde que estas atingiam certa escala. A constituição das Companhias das Índias, o estabelecimento de pontos comerciais na África, Ásia e América Latina obedecem a este movimento.

Este comércio longínquo teve profundo efeito sobre a estrutura sócio-econômica da Europa na época.

Um destes efeitos foi o afluxo de metais preciosos, cuja quantidade chegou a dobrar em meio século na Europa Ocidental. Nessa época, os senhores feudais recebiam as contribuições anuais dos servos ainda em trabalho e em produtos, mas a forma dominante já era de simples pagamento, em moeda, de uma taxa fixa por pessoa. Ao se dobrar a quantidade de ouro, enquanto a produção de bens permanecia pouco alterada, os preços duplicaram igualmente, reduzindo pela metade os rendimentos dos senhores feudais. Assim, a inflação que varreu a Europa durante o século XVI, particularmente na segunda metade deste, levou a uma transferência maciça de renda dos senhores feudais para a classe comercial capitalista emergente.

Assim não era nada absurda, na época, a teoria mercantilista que identificava riqueza com metais preciosos, com acumulação de moeda sob forma de ouro e prata. Correspondia, na realidade, às necessidades de acumulação dos capitalistas.

Efeito semelhante teve a importação de especiarias e de açúcar, vendidos a preços elevadíssimos às cortes, permitindo a acumulação comercial e endividando os aristocratas junto aos novos banqueiros que surgiam.

Os dois mecanismos levam assim a uma dependência financeira crescente do aristocrata em relação ao comerciante e banqueiro, sendo as próprias aventuras guerreiras dos reis financiadas por empréstimos junto aos banqueiros. Solidamente apoiado no Estado — na fase inicial os comerciantes não dispunham de bases suficientes para os grandes empreendimentos do comércio longínquo —, o comércio leva, deste modo, à transformação profunda das relações de força nos países da Europa. Em segunda etapa, o reforço do Estado central e o conseqüente enfraquecimento dos feudos regionais levam à unificação e expansão dos mercados internos, permitindo o desenvolvimento cumulativo da burguesia e a formação das nações.

Esta abertura do mercado interno, aliada aos fluxos internacionais do comércio longínquo, permite outra grande transformação nas estruturas econômicas européias: o reforço da produção. Com efeito, a rápida acumulação de capital nas mãos dos comerciantes e a abertura dos mercados criam uma situação em que há ao mesmo tempo a procura e os meios para desenvolver a produção. Gradualmente, o artesanato disperso passa para a produção semimanufatureira, aprofundando o processo de divisão de trabalho, e levando rapidamente o capitalismo nascente para a segunda etapa, a do capitalismo industrial.

O mais interessante, no entanto, do nosso ponto de vista, é ver o reflexo desta expansão comercial européia no lado dos países hoje dependentes.

Em termos gerais, há três situações relativamente distintas: a da Ásia, onde os entrepostos comerciais e os produtos do artesanato europeu eram oferecidos a Estados feudais solidamente estruturados e de poder muito centralizado; a da África, onde o interesse comercial orientou-se muito rapidamente para a exportação de escravos; e a da América Latina, onde a relativa fraqueza das sociedades preexistentes (particularmente no Brasil) levou à constituição de atividades econômicas novas em função do Velho Mundo.

Na Ásia, o fato de o comércio com a Europa ter sido monopolizado logo de início pelo Estado, e não por camadas locais comerciantes ou artesanais, teve conseqüências muito importantes. Com efeito, tanto os lucros da troca como o prestígio de redistribuição de produtos raros ficou com o próprio Estado, consolidando-o. Estando o processo de desenvolvimento artesanal e comercial mais atrasado, o comércio longínquo acabou assim levando ao reforço das aristocracias que o controlaram, na mesma medida em que na Europa este comércio levava à ruptura acelerada do domínio das aristocracias. Ficava assim invertido o papel desempenhado nos dois mundos.

Na Europa, o poder aristocrático desintegra-se, os feudos são substituídos ou absorvidos pelas nações, abrem-se os mercados internos, e a própria necessidade de suprir os mercados leva a uma gradual transformação do capitalismo comercial em capitalismo manufatureiro. Na Ásia, o pouco amadurecimento das atividades capitalistas levou ao controle do comércio longínquo pelas próprias aristocracias, consolidando-as, enquanto a penetração dos produtos manufaturados ia gradualmente substituindo o artesanato e a semimanufatura local, levando à regressão das atividades econômicas modernizadoras.

Estes efeitos estruturais, durante longo tempo subestimados em proveito da análise da agressão militar européia, tiveram a maior importância, pois levaram à reorientação das estruturas econômicas destes países.

Na África, o início da colonização foi parecido com o processo de trocas comerciais na Ásia, e vemos, por exemplo, países como Guiné-Bissau ou Cabo Verde exportar tecidos para a Europa já que na época a África Ocidental dominava técnicas de tecelagem e tinturaria relativamente avançadas. Rapidamente, no entanto, a Europa cortou este tipo de troca, que dinamizava inclusive o artesanato local.

Por um lado, iniciou-se logo, com a abertura das fronteiras agrícolas do Brasil, do Caribe e do Sul dos Estados Unidos, a busca de mão-de-obra escrava, fato que iria transformar a África, durante três séculos e meio, na fonte mais sacrificada de acumulação primitiva do capitalismo europeu e americano.

Por outro lado, fato insuficientemente ressalvado, a busca de escravos teve efeitos fundamentais na organização do poder político e econômico das nações africanas. Muitos já se espantaram pela facilidade com que algumas centenas de europeus armados de primitivos bacamartes conquistavam nações inteiras na África, atribuindo-se esta facilidade de penetração ao primitivismo das populações. Na realidade, as tendências recentes dos estudos científicos enfatizam o papel das próprias classes dirigentes africanas que, aliadas aos comerciantes europeus, encarregaram-se de promover a caça aos escravos.

Os efeitos, como se sabe, foram desastrosos, e são sentidos profundamente até hoje: as atividades produtivas foram desleixadas. Na Guiné-Bissau, por exemplo, a tecelagem tornou-se atividade punida de morte, e a Coroa portuguesa exercia severo controle. O resultado é que doravante só entrariam na costa tecidos europeus, e somente em troca de escravos. A caça aos escravos, tornando-se atividade econômica de camadas locais, provocava assim a regressão de um conjunto de atividades fundamentais para o progresso econômico africano, nomeadamente a pequena manufatura e o comércio.

Em termos de estruturação do poder político, por outro lado, deixou de ser fundamental para a definição da liderança a representatividade junto a camadas locais, tornando-se fundamental a monopolização dos contatos com o exterior, com o comerciante que trazia as manufaturas e levava o escravo. As classes dirigentes africanas assumiam, deste modo, o seu papel de intermediárias das economias européias, e não mais de promotoras do próprio desenvolvimento.

Hoje, fica difícil determinar qual dos dois teve efeitos mais desastrosos a longo prazo: se a sangria da força de trabalho africana, ou o desvio das estruturas políticas e econômicas em função das necessidades das metrópoles.

Na América Latina, o processo deve naturalmente ser diferenciado segundo a existência ou não de sociedades pré-colombianas mais ou menos estruturadas. Os casos do México ou Peru, por exemplo, aproximam-se mais do caso asiático de relações com sociedades fortemente estruturadas, enquanto que no Brasil a fraqueza da organização social dos índios levou praticamente à constituição de uma economia sobre bases virgens.

São hoje bem conhecidos os massacres e destruições que a colonização espanhola provocou, com sua sede de metais preciosos. A profundidade das destruições levou na realidade, logo após a fase de rapina, à superposição de uma economia natural indígena e de explorações coloniais orientadas para as necessidades das metrópoles. O sistema de *encomienda* que se generalizou impediu — e isto é essencial para o nosso raciocínio — o desenvolvimento dessas economias em função das necessidades internas das próprias populações.

No Brasil, vemos um exemplo quase puro de constituição de uma economia em função da metrópole. Os portugueses que vinham assumir as suas capitanias já traziam equipamento para produzir açúcar e logo a própria mão-de-obra africana, com o claro intuito de produzir para outros. Em termos de relações com a Europa, estabelecia-se um sistema de troca através do qual o açúcar era mandado para Portugal, trocado por manufaturas e outros produtos, utilizados em parte para serem trocados por escravos na África e em parte para abastecer as plantações do Brasil.

Nessa progressiva estratificação da economia mundial, lançada com a revolução comercial européia, é preciso salientar ainda o papel específico de Portugal e da Espanha. Com efeito, a península Ibérica caracteriza-se por funções de intermediária da expansão comercial européia, na medida em que as riquezas das colônias — tanto o açúcar brasileiro como os metais preciosos hispano-americanos — eram encaminhadas para a França, a Inglaterra e a Holanda. Este caráter específico da península Ibérica, entreposto da acumulação comercial da Europa, foi intensamente estudado nos últimos anos, permitindo esclarecer mecanismos importantes da constituição da economia mundial.

A engrenagem ia pois se ajustando, e o conjunto da máquina favorecia a dinamização das atividades capitalistas na Europa, levando o resto do mundo a um desenvolvimento deformado, através da divisão internacional do trabalho.

Durante longo tempo, estudou-se esta realidade país por país, cada um ensinando nas escolas a sua história, enquanto os aspectos internacionais eram descritos em gloriosas conquistas bélicas, ou então em compêndios de comércio internacional. O processo é mais complexo, e a importância do aporte de cientistas como André Gunder Frank, Emmanuel Wallerstein, Samir Amin, Marian Malowist, Caio Prado Jr., Vitorino Magalhães Godinho, Arghiri Emmanuel e tantos outros foi justamente terem ido eles buscar as raízes da economia mundial onde realmente se situam, no berço do próprio capitalismo.

Em particular, o estudo das alianças de classe entre o capitalismo europeu e as economias subdesenvolvidas, que permitiram a tão profunda penetração dos interesses comerciais da Europa numa fase em que as capacidades de produção e meios de comunicação e transporte eram precários — veja-se em particular o excelente livrinho de Pierre Philippe Rey, *As Alianças de Classe*, ou a *Herança Colonial da América Latina*, de Barbara e Stanley Stein —, levaram a uma melhor compreensão da facilidade da conquista de continentes por pequenos grupos de homens, e da profundidade dos efeitos estruturais, que foram tanto mais permanentes quanto foram levando à identificação das classes dirigentes da periferia com os interesses econômicos do centro.

Não se pode entender a África hoje sem conhecer a forma de sua inserção, como fornecedora de escravos, na economia mundial desde o século XVI, como não se pode compreender esta deformação da África sem considerar a economia brasileira que surge nesse momento. Nem África nem Brasil, enfim, podem ser entendidos sem que perceba o papel intermediário de Portugal e sobretudo as necessidades crescentes da Europa da Revolução Comercial em produtos coloniais.

A importância deste mecanismo para a Europa foi muito estudada, e o que é novo é o aprofundamente da análise, por parte dos cientistas sociais do Terceiro Mundo, dos efeitos deste processo sobre o seu próprio atraso econômico. Para resultados positivos relativamente limitados no centro, foram freqüentemente tomadas medidas verdadeiramente destrutivas para as economias da periferia, e a compreensão desses mecanismos permite hoje forjar a consciência da identidade dos países da periferia, do chamado Terceiro Mundo, dentro do processo de desenvolvimento desigual que caracteriza o capitalismo.

A REVOLUÇÃO INDUSTRIAL
(SÉCULOS XVIII E XIX)

Na própria Europa, a progressão do capitalismo comercial reforçava dia a dia a produção artesanal, semi-industrial, e cada vez mais a produção industrial. As idéias evoluíram em conformidade com a transformação das estruturas. Enquanto no século XVI os mercantilistas ainda viam a aquisição do ouro e da prata como forma mais importante de enriquecer o país, a própria necessidade de dispor de cada vez mais produtos para exportar e adquirir o ouro abriu os olhos dos economistas para a verdadeira fonte de riqueza: a capacidade de produzir. Constatando a riqueza trazida pelas exportações, o mercantilista inglês John Hales escreve, ainda no século XVI: "As cidades e vilas deveriam encher-se de toda espécie de artesãos... de maneira que tenhamos não somente com que prover o reino de sua produção e impedir somas consideráveis de fugir como ora acontece, mas ainda ter uma reserva para a venda no exterior e nos permitir a aquisição de outros bens, e de um tesouro". Ainda permanece, assim, a idéia de um "tesouro" monetário, mas a base produtiva do "tesouro" já foi bem captada.

A nova orientação no centro torna-se bem clara ao compararmos o grupo de países em vias de industrialização, como a Inglaterra, com a península Ibérica: esta contenta-se com acumular ouro, e passa a gastá-lo em importações de produtos manufaturados em seguida consumidos ou utilizados para mais comércio com as "Índias". Contentam-se assim com a acumulação comercial. Os países mais ao norte, pelo contrário, tornam-se os fornecedores e produtores dos bens manufaturados, e a Inglaterra particularmente avança para se tornar rapidamente a "oficina do mundo".

Nos países do centro, a Revolução Industrial terá efeitos fundamentais. Com a progressão da divisão do trabalho e da mecanização, a produtividade do trabalho dá um salto imenso, reduzindo radicalmente, pela primeira vez na história, o custo unitário dos produtos manufaturados.

A mecanização da produção permite realizar, antes de tudo, grandes economias de escala. Distribuindo os custos fixos do investimento em milhares de unidades produzidas, o capitalismo pode chegar a um custo de produção muito reduzido. Mas para isto, é claro, precisa de mercados. Resta dizer que a periferia terá um papel fundamental em fornecê-los.

Em segundo lugar, a industrialização leva a custos decrescentes, na medida em que conduz a um processo permanente de inovações tecnológicas. É característica a "corrida" de invenções que se dá na Inglaterra, por exemplo, entre a fiação, cada vez mais aperfeiçoada, e a tecelagem, exigindo cada vez mais matéria-prima à medida que são inventados novos teares.

Terceiro ponto importante: a industrialização acarreta a multiplicação de economias externas: abrem-se estradas, formam-se trabalhadores, estende-se a rede de comercialização, desenvolvem-se os transportes e comunicações, constituindo um conjunto de infra-estruturas que tornam mais barato o funcionamento de cada empresa nova que se instala.

Enfim, o ponto-chave, a Revolução Industrial, ao generalizar a utilização de tecnologia e ao desenvolver a produção de ferramentas, leva à modernização das atividades agrícolas.

Assim, ao se especializar na produção manufatureira, explorando a fundo a vantagem inicial de que dispõem, os países do centro entram num processo de enriquecimento cumulativo, conquistando novos mercados a cada progresso técnico da sua indústria, inundando diversas partes do mundo com produtos manufaturados, o que torna a estimular o processo de sua industrialização, tanto pelas economias de escala que um mercado mais amplo tornam possíveis, como pelo custo reduzido das matérias-primas recebidas em troca.

Como evolui então o pensamento econômico? A partir de duas obras, de Adam Smith e David Ricardo — a primeira de 1776 e a segunda de 1817 —, assistimos a uma racionalização do modelo criado por quem domina a economia mundial no século XIX: a Inglaterra.

Cria-se o conceito de excedente, que torna possível a divisão de trabalho e o investimento. Quando a metade da sociedade pode produzir alimentos para o conjunto, escreve Adam Smith, "a outra metade, ou pelo menos a maior parte dela, pode trabalhar para proporcionar outras coisas". Racionaliza-se o conceito de mercado capitalista: "Quando o mercado é muito pequeno, escreve Smith, ninguém pode ter estímulo para se dedicar inteiramente a um emprego, uma vez que não pode trocar todo o excedente do produto de seu próprio trabalho, que é superior ao seu consumo, por outras partes do produto do trabalho de outros homens, quando tem a ocasião para isto".

Enfim, toma forma a teoria clássica do liberalismo. Primeiro aspecto, os capitalistas já não buscam a intervenção do Estado central na economia, como o faziam quando, no início da Revolução Comercial, tinham necessidade do seu apoio, ou como o fazem hoje. Segundo aspecto, que decorre do primeiro, é que a economia deve encontrar o seu próprio equilíbrio ao buscar cada capitalista, cada trabalhador, o seu próprio interesse. É do interesse do padeiro produzir mais pão, mas para vendê-lo terá que fazê-lo bem, e para não desaparecer na concorrência com outros padeiros terá de vendê-lo barato. Assim, numa fase caracterizada pela multiplicação de pequenas unidades, em que teoricamente nenhuma tinha por si só a força de modificar as regras do jogo, criavam-se as bases teóricas da economia do mercado. Terceiro aspecto, enfim, do liberalismo, o *laissez faire, laissez passer*: abertura dos portos. Mas para a compreensão da "oportunidade" desta teoria, é útil ver como se apresentava o reverso da medalha, a acumulação nos países da periferia, que foram especializados, pela força das circunstâncias, em produção de bens primários.

Na periferia, as caixas de tecidos e outras manufaturas inglesas tinham efeito bem mais poderoso, como o dizia Marx, do que balas de canhões. O efeito resulta do impacto de duas etapas do ciclo de reprodução do capital: a busca de mercados e a busca de matérias-primas.

O fato de o centro voltar-se para o Terceiro Mundo, para escoar seus produtos em troca de matéria-prima, terá efeitos permanentes sobre a periferia, efeitos que são sentidos plenamente hoje. Assim, a participação dos produtos primários nas exportações totais dos países do Terceiro Mundo, ainda em época recente, é a seguinte:

PARTE DE PRODUTOS PRIMÁRIOS NAS EXPORTAÇÕES TOTAIS DOS PAÍSES EM DESENVOLVIMENTO 1953-1975

Anos	Porcentagem
1953	87,3
1958	87,7
1965	82,4
1971	74,8
1973	73,1
1975	81,1

Fonte: Paul Bairoch para 1953 a 1965, GATT para os anos 1974-1976.

Assim, em pleno final do século XX, com todos os processos de inovação tecnológica e de industrialização que transformaram o mundo, os países subdesenvolvidos continuam a ter 80% de produtos primários nas suas exportações que são, como se sabe, fundamentalmente de orientação Sul-Norte.

A permanência desses efeitos estruturais resulta da profunda associação das classes dominantes dos próprios países subdesenvolvidos com o processo, e da adaptação das estruturas de produção às necessidades de acumulação no centro.

Na fase do capitalismo comercial a Índia, por exemplo, se contentava em trocar, sob controle do Estado, bens locais que já produzia pelas manufaturas européias. Com a intensificação das trocas — resultado da maior escala de produção que a Revolução Industrial permite — a Índia começa a produzir em função das necessidades da Inglaterra. Ou seja, onde antes o país limitava-se a recolher os seus próprios produtos — sedas, especiarias —, agora passa a produzir, a reorientar o seu aparelho produtivo em função do centro. Neste sentido, áreas crescentes são dedicadas à produção de algodão, introduzindo no mundo rural da Índia a monocultura de exportação.

Assim, relações que são inicialmente comerciais tornam-se gradualmente relações de produção, e o sistema Norte-Sul grava a sua marca profunda, em termos de organização do aparelho produtivo, no país subdesenvolvido.

A outra área de impacto é a que resulta da oferta de bens manufaturados. Como se sabe, a Índia tinha uma tradição importante no domínio da produção têxtil. A entrada, em troca do algodão, de uma grande massa de tecidos baratos produzidos pela indústria têxtil inglesa, leva à ruína o aparelho artesanal e semi-industrial da Índia, completando a especialização primária do país.

Enfim, este sistema de trocas terá o efeito de consolidar ainda mais as classes dirigentes tradicionais da periferia: estas, em vez de serem gradualmente substituídas pela classe local ligada às atividades artesanais e comerciais, reforçam-se tanto pela ruína da classe produtora e comercial local, como pelos lucros que auferem sobre o comércio exterior que passa pelas mãos do Estado.

Na península Ibérica, o impacto é igualmente forte, e confirma-se antes de tudo a esterilidade das atividades comerciais especulativas. Espanha e Portugal são forçados a entregar o controle do comércio Norte-Sul a quem aproveitou as fases iniciais para desenvolver a sua capacidade produtiva, e particularmente à Inglaterra. O resultado é que, na América Latina, a dominação colonial ibérica é substituída pelo neocolonialismo, em que se continua a produzir matérias-primas para o Norte, recebendo deste quantidade crescente de produtos manufaturados, mas já sem a intermediação de Portugal e Espanha, países que entram em longa fase de estagnação. A intermediação, a partir do início do século XIX, é feita pelas próprias classes dirigentes latino-americanas.

Este processo é particularmente visível no Brasil, onde a independência não leva a nenhuma modificação econômica fundamental. Os latifundiários que assumem o papel dirigente, especializados ainda muito antes da Ásia na produção segundo as necessidades do centro, consideram como natural a continuação da produção primária em troca de manufaturas. As várias unidades siderúrgicas que tentaram instalar-se no início do século são fechadas, e a nova classe dirigente "independente" confirma em 1827 os acordos assinados por Dom João VI, que tornavam o Brasil uma colônia econômica da Inglaterra.

Quanto à África, a progressão do capitalismo mundial ainda não atingiu um ponto que lhe permitisse explorá-la efetivamente no local: o resultado é que, curiosamente, a progressão das atividades capitalistas leva ao reforço da busca de escravos, na própria medida em que o Brasil, por exemplo, necessitava reforçar a produção de bens primários para o Norte. Aprofunda-se assim a desestruturação econômica e social do continente, enquanto se lançam os primeiros pontos de colonização econômica, que tomarão importância real a partir de meados do século.

Enfim, uma colônia se "desgarra" do rebanho. Em 1776 os Estados Unidos proclamam-se independentes e são reconhecidos em 1783. Ao se separarem da Inglaterra, que domina o sistema de trocas Norte-Sul da época, os EUA vêem-se forçados a se voltar efetivamente para sua própria construção, abandonando o sistema de divisão internacional do trabalho. Paralelamente, o Sul dos Estados Unidos passa a funcionar como colônia interna, assegurando a acumulação de capital, e permitindo ao centro industrial do Nordeste do país deslanchar e, em 1866, consolidar a submissão dos latifúndios do Sul dos EUA às necessidades da sua expansão, através da Guerra de Secessão.

Durante esses noventa anos, o excedente do trabalho escravo terá permitido reforçar prodigiosamente a capacidade de acumulação industrial. Com a independência efetiva conquistada na guerra, e mais tarde com a luta pela ruptura das estruturas de produção pré-capitalistas, os Estados Unidos completavam uma revolução burguesa e entravam, embora tardiamente, no quadro dos países do Norte.

Igualmente esclarecedor é o exemplo do Japão, que se fechou em 1600 à expansão comercial e às missões evangélicas da Europa. O único país que efetivamente se desenvolveu na Ásia não só não se beneficiou da "modernização" européia, como a ela resistiu. A força do nacionalismo mas seguramente também a fraqueza dos recursos naturais locais permitiram este fechamento relativo do país, que não sofreu o impacto da divisão internacional do trabalho. Pelo contrário, com a revolução de 1868, coincidindo com as transformações capitalistas dos Estados Unidos, o Japão lança-se na própria industrialização, utiliza a tecnologia ocidental sem se submeter em termos políticos, e completa o seu esforço de acumulação ao se tornar ele próprio colonialista com as guerras contra a China, a Rússia e a Coréia, cuja rapina permitirá dinamizar o seu processo de industrialização. Dotado de uma sólida classe burguesa, apoiado num Estado promotor do desenvolvimento capitalista, e com amplas colônias, o Japão entra no século XX como típico país do Norte, trocando as suas manufaturas por bens primários do Sul.

A divisão internacional do trabalho que resulta da Revolução Industrial num grupo de países que hoje constituem o Norte é portanto um elemento-chave do processo de subdesenvolvimento do Terceiro Mundo.

Entende-se assim bem melhor que, em 1817, apareça o livro *Os Princípios da Economia Política e do Imposto,* de David Ricardo, em que se demonstra a teoria das vantagens comparadas: pouco importa se Portugal (na época ligado à Inglaterra por uma relação neocolonial) pode também produzir manufaturas. A verdade é que a Inglaterra o faz em condições relativamente melhores. Assim, é relativamente mais produtivo para todos se a Inglaterra especializar-se em produtos industriais — têxteis — e Portugal em vinho do Porto. "Seria assim vantajoso, conclui Ricardo, que (Portugal) exporte vinho em troca de tecidos." Deste modo se lançaram as bases do mundo capitalista atual, a teoria das vantagens comparativas completando a teoria do liberalismo.

Na segunda metade do século XIX, a produção industrial do Norte levou a necessidades de mercados e de matérias-primas qualitativamente novas. Buscando assegurar-se o controle dos mesmos, as potências do Norte partem para a corrida da divisão imperialista do mundo, materializada na escandalosa Conferência de Berlim de 1885, que resulta na partilha do Terceiro Mundo.

Trata-se, no entanto, da intensificação de um sistema já solidamente implantado, intensificação que levará a novas formas de dominação do capitalismo em nível mundial.

A EXPANSÃO IMPERIALISTA (FINS DO SÉCULO XIX E INÍCIO DO SÉCULO XX)

Na segunda metade do século XIX, o capitalismo no Norte atinge uma maturidade e um grau de evolução tecnológica impressionantes. Em particular tomam importância determinante a siderurgia, a metalurgia, a mecânica pesada, o setor ferroviário.

A Inglaterra ainda é a "oficina do mundo", e exerce amplo domínio sobre a economia mundial, mas já surgem com força as indústrias dos outros países europeus e, em particular, a dos Estados Unidos.

O resultado é duplo. Por um lado, com a capacidade produtiva crescente da indústria no Norte, aumenta tanto a necessidade de mercados para o seu escoamento como a necessidade de matérias-primas baratas. Juntando os fins e os meios, os países do Norte passaram a fornecer aos do Sul estradas de ferro e pequeno equipamento industrial: conseguiam assim ex-

Formação do Terceiro Mundo

portar os produtos que já se haviam tornado o eixo principal de expansão no Norte, e modernizavam a extração de matérias-primas, racionalizando e dinamizando as orientações expansivas dos países subdesenvolvidos.

Datam dos anos 1850 as primeiras estradas de ferro do Brasil e do Chile. A primeira linha na Índia é de 1853, e em menos de dez anos serão abertos 1.400 km. Até o final do século haverá 40 mil km na Índia, 4 mil na África do Norte, 60 mil na América Latina. Orientadas não em função da integração econômica interna, como nos países do Norte ("teia de aranha" ligando os centros regionais), mas sim sob forma de canais de escoamento ligando regiões produtivas de bens primários aos portos exportadores, essas estradas de ferro permitirão maior esforço de exportação por parte dos países subdesenvolvidos, e serão pagos com os próprios produtos da terra.

Por outro lado, a generalização da expansão industrial do Norte leva a uma corrida pelas colônias e ao início da sua exploração mais intensa. A Índia, ponto privilegiado da exploração inglesa, é ocupada efetivamente nesse período. A Indochina (hoje Vietnã, Laos, Cambodja) é ocupada nos anos 1860 pelos franceses. A China, após a guerra do ópio em 1842 e o tratado de Nankim, é obrigada a abrir os seus portos aos produtos da Europa. A Indonésia é colonizada pelos holandeses que tomam as terras mais férteis para a monocultura de exportação.

A África deixa de ser fornecedora de escravos. Com a ocupação colonial dos seus territórios, o africano terá o privilégio de ser explorado na sua própria terra. A Argélia vê as melhores terras da costa transformadas em cultura de vinhas (um país que por religião não bebe vinho...). Angola é ocupada pelos portugueses que atingem Casange em 1870. No Benin, os escravos cuja captura continua — mas já sem possibilidades da sua exportação — são utilizados no próprio local para produzir os bens necessários à Europa.

A colonização será, na África, como na Ásia, direta, e o fato se explica: as estruturas locais não estão suficientemente vinculadas à Europa para permitir a exploração das terras e da mão-de-obra em culturas de exportação, sem o apoio de uma coerção direta e organizada do colonizador. Ingleses, franceses, italianos e alemães recorrem assim ao sistema colonial, mas, no caso africano, em sólida aliança com as minorias que na fase precedente forneciam os escravos. As resistências serão tratadas com impressionante violência, como no caso da sociedade Lever de sabões, dos Bantustans, etc. Através da África progridem, assim, o cacau, o amendoim, o óleo de palma e outros produtos necessários às indústrias ocidentais.

A América Latina oferece uma imagem complementar interessante deste raciocínio. Enquanto a Ásia e a África, como sociedades estruturadas tradicionalmente em função de interesses locais e das próprias classes dirigentes, só se abrirão definitivamente à orientação expansiva mediante a conquista, na América Latina, onde as estruturas econômicas e sociais haviam-se constituído desde o início em função das necessidades externas, os mecanismos do mercado internacional e o apoio irrestrito das classes dirigentes locais serão amplamente suficientes. Dotadas de classes dirigentes neocoloniais cujas raízes são justamente a produção para o exterior e a divisão clássica do comércio internacional, estas sociedades são suficientemente dependentes nas suas estruturas para não precisar de colonização direta. O colonialismo será, de certa maneira, nosso.

Um país, o Paraguai, escapa à regra e tenta organizar a economia em função das necessidades internas, rompendo com a divisão internacional do trabalho. Os dirigentes e o povo

Formação do Terceiro Mundo

paraguaio serão tratados com a violência que se sabe, pelo Brasil, Argentina e Uruguai, países dotados de classes dirigentes interessadas na orientação neocolonial: 70% dos homens serão mortos, num genocídio que constitui uma das maiores tragédias e vergonhas militares da América Latina.

Durante muito tempo o imperialismo foi identificado com esta etapa de fim do século XIX e início do XX. Na realidade, conforme vimos, trata-se apenas de um aprofundamento e intensificação do mecanismo de exploração internacional que já funcionava desde o século XVI. Com efeito, desde o início o capitalismo é mundial e explorador em termos internacionais, e a ruptura Norte-Sul que hoje constatamos tem raízes antigas, no próprio processo histórico da submissão do Terceiro Mundo ao grupo dos países do Norte.

Mais uma vez, a teoria econômica acompanha, racionaliza. Quase que simultaneamente, em 1871, aparecem a *Teoria da Economia Política,* de William Stanley Jevons, em Londres; os *Fundamentos da Economia Política,* de Karl Menger, em Viena; e, em 1874, aparece o *Elementos de Economia Política Pura*, de Leon Walras. Com o trabalho de Alfred Marshall, *Os Princípios da Economia*, publicado em Londres em 1890, está praticamente constituída a nossa base "neoclássica" da teoria econômica, cujos princípios continuam a ser ensinados até hoje aos estudantes do Terceiro Mundo, em manuais de vulgarização como os de Paul Samuelson.

É útil dar uma olhada mais de perto nessas teorias, que tanto contribuíram e contribuem para desviar os economistas do Terceiro Mundo dos seus verdadeiros problemas.

Para os clássicos, que escrevem no período da formação e implantação do capitalismo industrial, a preocupação fundamental ainda era com as grandes transformações, a longo prazo, do conjunto do sistema capitalista. É conhecida a importância dada ao crescimento da população (Malthus), ao progresso tecnológico e divisão do trabalho (A. Smith), à evolução diferenciada dos três grandes setores da economia — indústria, agricultura, serviços — e à formação e utilização do excedente econômico (D. Ricardo).

Estes fatores, no centro da economia política capitalista no século XVIII, desaparecem das preocupações da escola neoclássica. Excluindo das suas análises os fatores estruturais e históricos do desequilíbrio, os teóricos do capitalismo maduro e bem "estabelecido" criam a teoria do equilíbrio e da harmonia. A humanidade teria chegado ao seu sistema definitivo de organização econômico-social, e os países pobres não são vítimas do processo, são os ausentes, os primitivos que "ainda" não chegaram ao sistema ideal do Norte.

É curioso notar como os grandes teóricos da época mostram, através dos títulos das suas obras, a sua convicção de estar fundando a ciência econômica definitiva. Enquanto os teóricos do capitalismo, no entanto, retiram do campo das suas preocupações científicas os fatores históricos de mudança e desequilíbrio, estas preocupações ressurgem na "contrateoria", na teoria que reflete as preocupações dos que sofrem na carne os efeitos do maravilhoso "equilíbrio" do Norte: nasce a teoria do imperialismo. Os trabalhos desse período, de Hobson, de Hilferding, Lênin, Bukharin, Rosa de Luxemburgo, colocam pela primeira vez no centro da discussão sobre a evolução das sociedades a problemática da exploração dos povos subdesenvolvidos.

Estuda-se o monopólio, a exportação de capitais, a espoliação das matérias-primas do Terceiro Mundo, a rapina internacional que permite o funcionamemto do belo mecanismo de oferta e procura no Norte. No entanto, é importante constatar que estas teorias surgem no próprio Norte. Assim, mais do

*Formação do Terceiro Mundo*

que estudar o fenômeno do ponto de vista do Terceiro Mundo dilacerado, busca-se nos mecanismos do capitalismo dominante as razões do seu expansionismo, do fenômeno imperialista.

Para se chegar à teoria econômica da libertação e do desenvolvimento dos países subdesenvolvidos, será necessário aguardar os anos 50.

Para o conjunto do Terceiro Mundo, em que pesem as profundas diferenças dos sistemas adotados — mas sempre visando à exploração mais intensa possível das matérias-primas —, os efeitos desta modernização colonial e neocolonial serão profundos. As próprias infra-estruturas econômicas, as redes de transporte, de comercialização, de comunicações, são constituídas em função das necessidades do Norte, gravando nas estruturas da economia a expansão do Sul, e associando mais profundamente a esta expansão as suas classes dominantes.

Muitos viram, na época, como um passo libertador o fato de as economias coloniais equiparem-se com máquinas de tecelagem, trilhos, telégrafo. Na realidade, este tipo de modernização penetrava no Terceiro Mundo na medida em que o próprio capitalismo dominante já passava para um nível superior. Para a Inglaterra interessava mais vender máquinas do que tecidos, e a dependência permanecia inteira: deslocava-se apenas o seu nível técnico, em função das novas prioridades do Norte.

Ao mesmo tempo, colocava-se a nova questão que tomaria caráter crucial meio século mais tarde: para sair do subdesenvolvimento basta modernizá-lo? Ou seja: o subdesenvolvimento é um problema de técnicas atrasadas ou inadequadas, ou da orientação que preside à sua utilização? A intervenção de uma seqüência de crises no próprio capitalismo dominante iria dar conteúdo mais preciso a esta questão.

A REESTRUTURAÇÃO DO CAPITALISMO DOMINANTE: 1913-1948

O período 1913-1948 é tradicionalmente estudado, de certa maneira, em fatias. Há a crise de 1913. Segue-se a guerra de 1914-1918, e o período de reconstrução até 1929. Nessa data inicia-se a grande crise que leva a um início de recuperação em alguns países e, logo em seguida, à II Guerra Mundial de 1939-1945, terminando num período de reorganização e de pacificação que se pode situar entre 1945 e 1948.

Hoje, a tendência é ver nesse conjunto de fenômenos um processo único, se bem que diferenciado, de crises interimperialistas ligadas à reestruturação das economias do Norte. Entramos no período, em 1913, com uma hegemonia inglesa cada vez mais contestada, com uma luta aberta pelos mercados e matérias-primas do Terceiro Mundo, com um proletariado industrial quase tão explorado, no Norte, quanto as massas rurais dos países subdesenvolvidos.

O mundo que emerge em 1948 é solidamente organizado sob a hegemonia dos EUA. A Inglaterra, dona do mundo durante pelo menos dois séculos, entra na fase da decadência que hoje se conhece. Os seus mercados do Oriente e da América Latina caem na órbita americana. Paralelamente, um terço da população mundial, mas na área pobre, rompe com este sistema de polarização, buscando soluções novas na economia planificada.

O mundo econômico capitalista assina um pacto, o acordo de Bretton Woods, em que se dá forma e organização à dominação dos EUA: a moeda-reserva será o dólar, sem poder de controle de emissão pelos países que se comprometem a utilizá-lo. Os outros países do Norte, em troca da ajuda na reconstrução, exaustos pela guerra que não atingiu os EUA, submetem-se.

Assim, o Norte já não é mais um agregado de países em luta por pedaços do mundo, mas uma pirâmide firmemente dirigida pelos Estados Unidos, "líder do mundo livre". Mundo livre que definiu as suas regras do jogo numa reunião em que não esteve a comunidade do Terceiro Mundo — quatro quintos da sua população —, mas somente quem contava: os países industrializados ocidentais.

Dois processos são importantes para nós, nesse período. Um, é o da profunda transformação interna dos países do Norte, que passam à fase redistributiva de renda e fazem os seus operariados participar dos frutos, e já não só do esforço, do desenvolvimento. O segundo, é o efeito desenvolvimentista dos quase 35 anos de crise e, em conseqüência, do relativo enfraquecimento do sistema internacional de exploração nos países do Terceiro Mundo.

Até a grande crise, o grau de exploração dos trabalhadores no próprio Norte era extremamente acentuado. Apesar de já surgir no início do século XX uma certa diferenciação interna do proletariado, com a formação do que Lênin chamou de "aristocracia operária", o fato é que, no seu conjunto, os salários não eram vinculados ao aumento da produtividade, e os marxistas diziam com acerto que o proletariado "não tinha nada a perder, senão as suas cadeias". São conhecidas as descrições da condição miserável dos trabalhadores, inclusive na própria Inglaterra, que drenava riquezas do mundo inteiro.

Como era possível produzir tanto e manter o povo trabalhador tão pobre, incapaz de consumir mais, apesar do aumento da produtividade?

As trocas internacionais desempenhavam papel fundamental no processo. Com efeito, a Inglaterra exportava grande parte dos seus produtos, sendo cerca de 30% das suas manufaturas. Importava outros produtos em troca, é claro, mas eram matérias-primas, destinadas ao consumo produtivo da classe dominante. Deste modo, sendo os produtos manufaturados transformados em matérias-primas através do comércio internacional, a classe dirigente inglesa podia aumentar a distância entre o aumento de produtividade da sua indústria e os salários dos seus operários, e a economia funcionava sobre a base de um consumo interno limitado de produtos de consumo final, a chamada "base estreita".

Com a crise de 1929, o processo inverteu-se. A Europa e os Estados Unidos tinham-se dotado de uma grande capacidade industrial de produção exigida pela própria reconstrução da Europa destruída pela guerra de 1914-1918. Com a reconstrução completada, parte da capacidade produtiva ficou sem base suficiente de procura interna. Acumularam-se estoques, levando muitas empresas a reduzir o ritmo de produção e a despedir trabalhadores para não arcar com as despesas salariais no momento em que estas não eram necessárias ao processo produtivo, reduzindo-se, portanto, ainda mais o mercado.

Esse processo cumulativo de aprofundamento da crise levou a uma tomada de consciência, nos meios capitalistas, da necessidade de ampliar a base de consumo da sua produção.

Nos anos que seguem à crise, o capitalismo do Norte passa assim por uma transformação profunda, em que redistribui a renda para os próprios trabalhadores, e assegura o aumento salarial à medida que aumenta a produtividade.

O processo se deu, evidentemente, em meio a grandes lutas, e foi possível graças à pressão organizada dos próprios trabalhadores, enquanto os capitalistas atingidos numa pequena parcela das suas gigantescas fortunas gritavam que se tratava de uma trama do comunismo internacional.

Mas o importante para nós é notar que, mesmo sem assegurar justiça social efetiva — 20% dos mais pobres, por exemplo, continuarão na mesma pobreza nos EUA e na Inglaterra —, forma-se uma ampla faixa média de consumo que assegurará, durante trinta anos, após o período de crises interimperialistas, o desenvolvimento mais dinâmico e sólido que o capitalismo já conheceu.

Frente a essas transformações internas, como evoluiu o Terceiro Mundo? O mecanismo foi descrito em toda a sua clareza pelo economista Celso Furtado: as crises interimperialistas levam a uma fase de relativa "ausência", ou enfraquecimento, do poder do Norte sobre os países subdesenvolvidos, traduzindo-se em particular no enfraquecimento das trocas Norte-Sul. Isto levou a uma transformação profunda nos países do Sul, que, pela primeira vez, deixavam de ter estímulo para produzir para a exportação. Assim, capitais investidos no café, no cacau, na cana, ficavam disponíveis para outro tipo de produção. Paralelamente, os produtos manufaturados anteriormente importados do Norte faziam grande falta no mercado, com a perturbação do comércio internacional, gerando intensa procura.

Existiam, deste modo, ao mesmo tempo capitais e empresários para investir na indústria, e uma forte pressão da procura preexistente de produtos anteriormente importados. Existiam, em outros termos, simultaneamente, os meios e os fins.

O resultado foi, no Terceiro Mundo, um amplo surto de desenvolvimento integrado, orientado em função dos mercados internos. A agricultura, na falta de mercados externos, foi igualmente levada a suprir melhor o mercado interno, respondendo à procura das cidades e da própria população camponesa. Reforçam-se, deste modo, as trocas internas agricultura-indústria e o embrião de relações intersetoriais, e o setor de serviços é levado a assegurar os fluxos deste novo processo autodinâmico de desenvolvimento. O Estado, enfim, até então intermediário na relação Norte-Sul, busca o apoio popular mais amplo para compensar a ausência dos apoios externos.

Este mecanismo foi sentido, com maior ou menor intensidade, no conjunto do Terceiro Mundo. Mas durou pouco. Após a II Guerra Mundial, o Norte emerge com novo dinamismo, solidamente organizado sob a hegemonia dos EUA, e com um instrumento de intervenção no Terceiro Mundo que deixaria para trás os mecanismos antigos descritos pela teoria clássica do imperialismo: a multinacional.

A EXPANSÃO MULTINACIONAL:
1948-1974

Antes de mais nada, é preciso lembrar que a expansão do Norte, e em particular o comércio Norte-Sul, perdeu muito da sua importância relativa depois da II Guerra Mundial. Isto era de se esperar.

Com efeito, com a redistribuição da renda efetuada dentro do próprio grupo do Norte, esses países buscaram muito mais responder às pressões dos mercados internos e realizar a interpenetração econômica que a ampla procura popular permitia, do que a expansão para o Sul.

Neste sentido, o comércio Norte-Sul e as relações internacionais de produção criadas nessa fase da economia mundial foram, para o Norte, essencialmente um complemento da sua dinâmica interna, e nunca o elemento principal, mesmo se em muitos países do Sul este "complemento" tivesse tanto peso para a sua fraca economia que monopolizava ou desestruturava os seus setores mais dinâmicos.

Vejamos antes de tudo a força desta internacionalização: "No fim dos anos 1940, somente os EUA estavam em posição de exportar capital em grande escala. Comparado com 1938, o investimento privado dos EUA no exterior passou de 12 bilhões de dólares para 33 bilhões em 1960. O grosso destes investimentos, cerca de 15 bilhões, ocorreu depois de 1952, quando a saída de capital privado americano atingiu cerca de 2 bilhões anualmente. Lucros não distribuídos contribuíram com mais 8 bilhões de dólares para o aumento do capital americano investido no exterior. A distribuição regional destes fluxos mostra que mais de 12 bilhões foram para outros países industrializados, dos quais o Canadá recebeu 5 bilhões, a Europa 4 bilhões, e o Japão e a Austrália 700 milhões. Os países subdesenvolvidos receberam cerca de 6,5 bilhões. Deste total a América Latina absorveu 4,2 bilhões (2,3 só para a Venezuela) e o Sudoeste da Ásia 1 bilhão. Boa parte destes investimentos em países subdesenvolvidos foi para as minas, particularmente o petróleo. Mais 2,3 bilhões foram investidos em companhias internacionais de transporte e dependências dos países ocidentais".[5]

O essencial desses investimentos se faz através da companhia multinacional. Um amplo debate surgiu nos anos 60 sobre o nome a se dar a este fenômeno: o termo técnico adotado acabou sendo a "empresa transnacional", indicando claramente tratar-se não de uma firma que pertence a muitas nações ("multinacional") e sim de uma empresa do Norte, em geral americana, que exerce as suas atividades simultaneamente em ou-

---

5. A. G. Kenwood e A. L. Lougheed, *The Growth of the International Economy, 1820-1860*, Londres, Allen and Unwin, 1971, p. 252.

tros países. Mas ficou também adotado na linguagem corrente o termo "multinacional", que usaremos aqui simplesmente por ser mais aceita, ressalvando que se trata de empresas cuja nacionalidade é bem conhecida, como a General Motors americana ou a Mercedes-Benz alemã.

Raymond Vernon relata uma pesquisa que dá uma idéia deste processo de constituição de tentáculos de empresas do Norte que se instalam dentro dos países subdesenvolvidos. "As empresas multinacionais estenderam as suas atividades, num movimento contínuo em direção aos seus mercados e às fontes de matérias-primas. Como resultado, houve um aumento notável de subsidiárias americanas de matrizes americanas durante as últimas décadas. Este crescimento foi bem documentado no caso de um grupo de 187 destas matrizes cujas atividades internacionais foram investigadas até 1900. Este grupo de 187 empresas assegura provavelmente 80% dos investimentos diretos americanos em manufaturas fora do Canadá. No fim da I Guerra Mundial, o número de subsidiárias deste grupo excedia de pouco 250. Em 1929, tinha atingido 500. Em 1945, estava um pouco abaixo de 1.000. Em 1957, cerca de 2.000 e, em 1967, mais de 5.500.(...) Segundo estimativas gerais, os negócios destas empresas multinacionais fora do país de origem podem atingir (em 1970) cerca de 500 bilhões de dólares de bens e serviços, cerca de um quarto do produto bruto do mundo não comunista."[6]

Por que esta intensidade da multinacionalização? É preciso voltarmos atrás, para analisar um fato-chave que começa a condicionar de maneira cada vez mais profunda as relações

---

6. Raymond Vernon, "Future of the Multinational Enterprise", *in The International Corporation*, MIT, 1971, pp. 381 e 383.

Norte-Sul: a própria polarização do nível de renda, que se foi acentuando durante as últimas décadas.

Já vimos que esta diferença entre o nível de renda por habitante no Sul e no Norte era de 1 para 3 em 1870, mas de 1 para 10 em 1970, de 1 para 12,5 em 1980, e de cerca de 1 para 23 em 1990. Ou seja, um habitante do Norte tem em 1990 uma renda pelo menos vinte vezes maior do que o do Sul.

O mundo capitalista no próprio Norte conheceu, até a grande crise de 1929, uma concentração de renda parecida com a polarização Norte-Sul que hoje se verifica. No entanto, tratava-se de uma polarização interna, entre as classes dominantes e as massas trabalhadoras dos próprios países do Norte. A parte média dos lucros na renda nacional inglesa cai de 33,7% na década de 20 para 24,2% na década que vai de 1946 a 1955. A renda dos 5% mais ricos da Inglaterra cai de 25% em 1938-1939 para 13% em 1966-1967. Nos Estados Unidos, a parte da renda dos 20% mais ricos, de 51,3% em 1929, cai para 44,2% em 1947. Por limitada que fosse, esta distribuição da renda e, sobretudo, a sua reprodução pela participação operária nos frutos do aumento de produtividade, permitiu a constituição de um amplo mercado popular interno, ainda que limitado ao próprio Norte. Este mercado interno viria a constituir para os países hoje desenvolvidos uma base estável de expansão durante cerca de trinta anos, que não encontra paralelos na história do capitalismo.

Com o trabalhador do Norte custando muito mais do que o do Sul, a concepção de internacionalização do capital produtivo impôs-se naturalmente. O que perderam de lucros no Norte, ao redistribuir a renda, os capitalistas recuperaram ao utilizar a mão-de-obra mais barata no Sul.

O fenômeno tomou duas formas semelhantes nos seus efeitos: por um lado, o Norte importou mão-de-obra barata da sua periferia: italianos para a Suíça e Alemanha Federal, espanhóis e portugueses na França, mexicanos e porto-riquenhos nos EUA, etc. Como os custos sociais e econômicos da reprodução desta mão-de-obra (alimentação inicial, educação...) ficavam a cargo do país de origem, o Norte ganhava assim força de trabalho líquida, além de mais barata.

Por outro lado, a instalação de fábricas onde há mão-de-obra barata, matérias-primas e garantias políticas, constitui um mecanismo semelhante de recuperação de lucro no exterior, financiando com a miséria do Terceiro Mundo a relativa opulência do operariado no Norte.

Na medida em que os mercados mais importantes situavam-se no próprio Norte, compreende-se que a maior parte dos investimentos industriais tenha sido realizada entre economias desenvolvidas. No entanto, os capitais investidos no Sul eram bastante mais importantes para os lucros: "O que há, sem dúvida, de mais chocante na orientação dos investimentos no estrangeiro, informa-nos um relatório do ministério da Indústria da França, é que, de 1960 a 1967, 13,7 bilhões de dólares, ou seja, 71% dos novos capitais foram absorvidos pelo Canadá e Europa Ocidental, enquanto 20,1 bilhões de dólares, ou seja, 60,1% dos lucros, juros e *royalties* recebidos nos EUA provinham de investimentos na América Latina e no resto do Terceiro Mundo. Deste modo, durante a década de desenvolvimento dos anos 60 efetuavam-se importantes transferências de capitais das regiões pobres para as ricas, graças ao sistema das empresas multinacionais e do mercado internacional de capitais". Somente em 1974, investimentos diretos no exterior realizados por empresas americanas levaram a uma saída de capitais de 7,5 bilhões de dólares, enquanto a entrada de lucros realizados no exterior foi de 17,6 bilhões de dólares, o que significa uma entrada líquida de capitais nos Estados Unidos durante o ano de 10 bilhões de dólares.[7]

Assim sendo, salários mais altos passaram a ser pagos no centro, mas aumentou a exploração no Sul, numa inversão de efeitos característica do processo de polarização Norte-Sul.

O Terceiro Mundo industrializa-se, sem dúvida. Veremos em capítulo ulterior os efeitos desta industrialização. O essencial aqui é salientar este novo mecanismo de organização das relações Norte-Sul, suficientemente forte nas suas estruturas para prescindir da colonização formal. O sistema Norte-Sul será solidamente mantido pelas empresas multinacionais instaladas no próprio Sul, controlando diretamente os setores-chave da economia e das finanças.

É importante salientar também este caráter das relações Norte-Sul, em que o Norte não se vê ameaçado pelo ciclo de independência da África e Ásia surgidas nos anos 50 e 60. A ameaça mesmo é quando um país tende a romper com as regras do jogo. Assim é que temos a curiosa justaposição de países em que as independências são feitas com a ajuda ou passividade das multinacionais, enquanto outros países, que tentam saltar diretamente para uma economia voltada para as necessidades populares, enfrentam violentas guerras coloniais. Os casos da Argélia, que perdeu 10% da sua população numa luta pela independência (enquanto países vizinhos recebiam a independência de mão beijada da mesma potência colonial), ou do Vietnã constituem exemplos claros. Característico, ainda, é o caso do Zaire, onde o líder nacionalista Patrice Lumumba, decidido a lutar pelos interesses do seu povo, é assassinado e

---

7. Destanne de Bernis, *Relations Économiques Internationales*, Dalloz, Paris, 1977, p. 676, segundo dados do Survey of Current Business, outubro de 1975.

substituído por Moise Tchombe, mais tarde sucedido por **Mobutu**, que asseguram a presença das multinacionais na zona mineira do Katanga.

Portanto, os anos do pós-guerra vêem surgir a internacionalização do capital produtivo, e um aprofundamento da distância que separa o Norte desenvolvido do Sul.

A partir dos anos 70 a dinâmica bipolar do capitalismo começou a estancar. Em 1974, em particular, com a alta dos preços do petróleo, o sistema entra em progressiva desaceleração e busca novos caminhos, novas soluções.

É este problema que abordaremos nos próximos capítulos, ao analisar aspectos da crise que atinge a formação social capitalista como um todo. Crise recente, sem dúvida, mas que tem, conforme vimos, raízes profundas na própria polarização do mundo capitalista, e que apresenta como efeito indireto a transformação dos próprios países socialistas.

A CRISE E A INDUSTRIALIZAÇÃO DO TERCEIRO MUNDO

O processo de industrialização suscitou muitas esperanças, na medida em que justamente seria o instrumento de ruptura do subdesenvolvimento. Frente aos exemplos da Europa e dos EUA, aguardava-se que a industrialização levasse, de certa forma, pelos mesmos caminhos.

A realidade é que a própria existência e sólida presença, no mercado internacional, de uma indústria muito avançada viria a ter efeitos fundamentais, sob a orientação desta, no processo de industrialização dos países subdesenvolvidos.

Com efeito, a presença da indústria do Norte é mundial, seja através dos seus produtos, seja pela procura de matérias-primas, pela influência sobre perfis de consumo, pelo desempenho que o seu avanço exige de qualquer nova empresa que quer se lançar. Não se trata, portanto, de ocupar espaço virgem como o fez a indústria do Norte. Trata-se de abrir espaço em zona já tomada.

Outra linha de condicionantes do processo de industrialização do Terceiro Mundo vem dos efeitos das relações tradicionais com o Norte, e em particular da divisão internacional de trabalho, pela qual o Norte especializou-se em indústria e o Sul em matérias-primas. Isto levou a estruturas agrárias deformadas, a solos esgotados, a sistemas de apropriação da renda prodigiosamente concentrados, à fraca formação de capital interno na medida em que o excedente era em parte drenado para o Norte através da troca desigual, e em parte desperdiçado em consumo de luxo nas camadas dominantes locais. A especialização primária levou também ao desequilíbrio regional, e em particular à macrocefalia urbana e à concentração espacial das infra-estruturas modernas.

Como se promover um processo de industrialização nessas condições, com poucos capitais, pouca experiência, estruturas existentes desfavoráveis, mercado extremamente concentrado, e enfrentar, simultaneamente, um capitalismo industrial baseado não só na produção altamente sofisticada, mas também nos processos de comercialização, de promoção, de financiamento?

Fazer o "grande salto", promover o "desenvolvimento equilibrado" e planificado em estruturas capitalistas, esperar que os desequilíbrios do capitalismo dependente levem a um processo generalizado de desenvolvimento através de mecanismos espontâneos... estas e outras idéias surgiram enquanto vingava na prática a simples capacidade de pressão das multinacionais, que acabaram impondo o seu modelo.

Bastante realista é a análise de Arghiri Emmanuel que, sem buscar o que deveria ser a industrialização do Terceiro Mundo, estuda, fundamentando-se no exemplo da Índia, o que ela é;

neste sentido, Emmanuel constata que a Índia limitava-se à produção do algodão e comprava os tecidos da Inglaterra; em etapa posterior, passou a produzir tecidos, mas comprava as máquinas na Inglaterra, bem como tecidos de luxo; mais tarde, passou a produzir ela mesma as máquinas de tecelagem, processo ao qual a Inglaterra contribuía de boa vontade ao fornecer, a preços elevados, máquinas pesadas e tecnologia. Em suma, há modernização, mas uma modernização que está sempre alguns passos atrás da economia dominante, num processo caracterizado pelo deslocamento das bases técnicas da dependência, e não pela sua ruptura.

Durante longo tempo predominou a idéia de que o Norte impedia a industrialização do Terceiro Mundo, para que este não lhe fizesse concorrência. A afirmação é apenas parcialmente verdadeira. O que devemos levar em conta antes de tudo é que, segundo as etapas de desenvolvimento do capitalismo dominante, certos setores ou tipos de produção desempenham o papel de motor do conjunto. É o que representou a produção têxtil no início do século XIX, o equipamento ferroviário e as máquinas a partir de meados do século XIX e até o início do século XX, a indústria automobilística e os eletrodomésticos nos "trinta anos de ouro" do pós-guerra, e mais recentemente as novas tecnologias. Foi efetivamente impedida — e muitas vezes com incrível violência — a produção no Sul de bens que coincidiam com o "setor dinâmico" do centro. A destruição dos teares na Índia é apenas um símbolo mais conhecido do que se repetiu em todos os continentes.

Mas a própria necessidade de vender os bens do "setor dinâmico" leva o Norte a equipar o Terceiro Mundo em outras etapas: foi a Inglaterra que forneceu os teares à Índia ou ao

Brasil, ganhando com a sua venda o que perdia com o mercado de tecidos.

Assim, o elemento essencial do projeto de industrialização do Terceiro Mundo é justamente este caráter tardio e induzido pelo Norte. Não se trata de indústria que progride segundo o grau de amadurecimento e as necessidades do equilíbrio no processo interno de desenvolvimento da economia subdesenvolvida, e sim de um salto que reflete a passagem para um nível superior das economias do centro.

A verdade é que a industrialização no Terceiro Mundo nunca foi realmente refletida, organizada ou muito menos planificada: deu-se num processo objetivo, em que dominou, naturalmente, a força dos mais desenvolvidos.

É útil analisar este processo de industrialização a partir do ponto de origem da sua expansão, o próprio Norte.

O fato de a industrialização no Sul realizar-se, em grande parte, segundo as necessidades de extensão das linhas de produção do Norte, e muito pouco segundo o grau de amadurecimento e os interesses gerais das economias do Terceiro Mundo, levou à criação de estruturas industriais muito particulares.

Em primeiro lugar, o processo de industrialização no Terceiro Mundo caracteriza-se pela sua extrema concentração. Assim o valor manufatureiro acrescentado do Terceiro Mundo, em 1980, era distribuído como segue, segundo dados da ONUDI.

DISTRIBUIÇÃO DA PRODUÇÃO INDUSTRIAL
DO TERCEIRO MUNDO — 1980

País	Porcentagem
Brasil	22,7
México	10,8
Argentina	9,9
Índia	8,3
República da Coréia	4,5
Turquia	3,7
Venezuela	2,6
Filipinas	2,5
Tailândia	2,0
Total	70,0

Fonte: ONUDI, *Industry in a Changing World*, New York, 1983, p. 35.

Isto significa, por um lado, que o Brasil é o responsável por quase um quarto da produção industrial do Terceiro Mundo. Por outro, os quatro primeiros países asseguram 52% da produção, o que implica uma concentração muito elevada, além do fato de estas indústrias constituírem pólos industriais dentro dos próprios países.

Longe de se tratar de um processo homogêneo de integração das populações e das regiões do Terceiro Mundo num processo de modernização das atividades econômicas, o que se presencia é a criação de supercentros em alguns pontos que oferecem, da perspectivas das multinacionais, condições excepcionais.

Esta concentração da produção significa por outro lado que a diversificação das exportações que se buscava nos países subdesenvolvidos, para romper a dependência excessiva em produtos primários, limita-se também a alguns países. Desse modo, as exportações de produtos manufaturados do Terceiro Mundo apresentam-se como segue:

EXPORTAÇÃO DE PRODUTOS MANUFATURADOS POR
DETERMINADOS PAÍSES, EM PORCENTAGEM
DO TERCEIRO MUNDO

Países	1970	1978
República da Coréia	6,0	16,1
Hong Kong	18,5	12,0
Cingapura	4,0	6,5
Brasil	3,4	6,1
Índia	9,8	5,4
México	3,7	2,5
Argentina	2,3	2,4
Malásia	1,0	2,0
Total	48,7	53,0

Fonte: ONUDI, *op. cit.*, p. 192.

Vemos que oito países asseguram mais da metade das exportações de manufaturados do Terceiro Mundo, e que a concentração tende a se reforçar, com uma variação recente apenas em termos de maior participação dos "tigres" asiáticos.

Além desta concentração extrema da estrutura industrial implantada em grande parte a partir do Norte, o processo também levou a uma grave deformação em termos de tipo de indústria instalada.

Uma primeira característica, amplamente conhecida e sobre a qual não insistiremos, é o fato de se tratar em geral de indústria de bens de consumo durável, em particular na indústria automobilística e de eletrodomésticos, produtos que no centro correspondem a um consumo de massas, mas que no Sul, dado o atraso relativo, constituem consumo de elites. O resultado é uma pressão muito forte, de dentro dos países onde a indústria se instalou, para a concentração de renda, para se aumentar o volume de consumo de luxo.

Duas outras características, no entanto, são importantes para nós, na medida em que constituem um reforço do vínculo do Sul com o Norte, e exigem um fluxo crescente de pagamentos em divisas: trata-se da tecnologia e dos bens de capital.

Vejamos antes de tudo o peso do investimento em tecnologia, nas grandes regiões do mundo:

DISTRIBUIÇÃO DAS DESPESAS MUNDIAIS EM PESQUISA E DESENVOLVIMENTO — 1973

Regiões	Milhões de dólares	Porcentagem
América do Norte	33.716	35,0
Outros do Norte	30.423	31,5
Terceiro Mundo	2.770	2,9
Países Socialistas	29.509	30,6

Fonte: "Étude Mondiale sur la recherche et le développement", Viena, 1979, p. 200.

Portanto, em 1973, os países do Terceiro Mundo, representando o grosso da população mundial, participaram apenas em 2,9% do esforço mundial de produção de pesquisa, cifra que foi avaliada em 4% em 1990, constatando-se igualmente que os países do Norte têm 81 cientistas para cada mil pessoas, em 1990, enquanto os países do Terceiro Mundo têm apenas nove.[8] Se considerarmos o papel absolutamente estratégico que hoje desempenha a tecnologia no processo de modernização da economia, a gravidade desta situação não precisa ser realçada.

Uma unidade fabril moderna instalada hoje não constitui equipamento "transferido" de uma vez por todas. Para continuar

---

8. Naciones Unidas, *Desarrollo Humano: Informe 1992*, Nova York, p. 98 e tabela 31.

a produzir em termos competitivos no mercado, a unidade tem de ser aperfeiçoada a cada ano, sofrer permanentes revisões tecnológicas, de maneira a acompanhar a evolução dos outros concorrentes no mercado mundial. Trata-se, portanto, de um primeiro investimento que exige um vínculo permanente com a fonte fornecedora, sob pena de rápida obsolescência. Este vínculo permanente com o Norte gera custos recorrentes em divisas, que se acumulam e acabam constituindo um peso determinante sobre a balança de pagamentos externos do país. Isto porque não basta adquirir tecnologia, como fazem os países subdesenvolvidos; é preciso dominar o processo da sua renovação.

Esta dependência é agravada pela fraqueza de outro setor determinante, o de bens de capital. Um estudo sobre a situação dos bens de produção constata que o Terceiro Mundo participa em apenas 2 a 3% da comercialização e 3 a 4% da produção de bens de produção. Ora, na medida em que o setor de bens de capital produz as máquinas, as fábricas, dele depende na realidade a "capacidade de autotransformação" de uma economia à qual se refere Celso Furtado. O fato de o sistema Norte-Sul conhecer uma divisão em que 96 a 97% dos bens de capital são produzidos no Norte é neste sentido altamente significativo.[9]

O resultado imediato, além da impressionante sujeição política que a dependência tecnológica e de bens de capital acarreta, é que os países do Terceiro Mundo que se industrializam sobre a base desta transferência Norte-Sul acabam com necessidades de divisas mais que proporcionais ao que se economiza

---

9. Ver Raphael Tiberghien, *Biens d'Equipement dans les pays en Développement*, Grenoble, IREP, 1981.

pela substituição de importações. O custo crescente em divisas do processo já não só de instalação, mas de reprodução e funcionamento do equipamento moderno, leva ao esforço da necessidade de exportar bens primários, em vez da sua redução.

Isto explica que, ao mesmo tempo, ocorram a tão esperada diversificação das exportações, pela participação crescente de bens manufaturados, e o aumenta, paralelamente, da exportação de produtos primários, sem alterar fundamentalmente o peso relativo de cada um:

PARTE DAS MANUFATURAS NAS EXPORTAÇÕES
TOTAIS, 1970-1981 — PORCENTAGEM

	1970	1975	1980	1981
Mundo	60,9	57,4	54,7	58,5
Norte	72,0	73,1	71,6	72,3
Economias Socialistas	58,2	55,2	50,6	51,5
Sul	17,3	15,2	18,0	16,6

Fonte: ONUDI, *op. cit.*, p. 191.

Assim, vemos a parte das manufaturas nas exportações mundiais situar-se em torno de 60%, enquanto o Terceiro Mundo exporta em torno de 18% de manufaturados, os restantes 82% sendo de bens primários. No início da década de 80, constatamos que o aumento das exportações de manufaturados pelos países do Sul foi significativo. É preciso levar em consideração, no entanto, que tudo hoje tende a ser mais "manufaturado", por exemplo, o óleo, o farelo de soja ou o suco de laranja, antes exportados como bens primários, sem representar um avanço industrial muito significativo: é preciso levar em conta cada vez mais o conteúdo tecnológico do produto manufaturado. No caso específico do Brasil, no período 1970-1980, o crescimento anual de exportações de manufaturas foi muito forte, atingindo 19%, mas na década 1980-88 esta taxa caiu para 6,0%.[10]

Como, por outro lado, o valor global das exportações do Terceiro Mundo tem subido rapidamente, passando de 52 bilhões de dólares em 1970 para 208 bilhões em 1977 e 450 bilhões em 1988, constatamos que há um aumento paralelo e simultâneo das exportações primárias e dos produtos manufaturados, que implicam menos uma diversificação real do que uma dependência maior dos dois setores, um voltado para o exterior para financiar os custos da industrialização, outro para buscar mercados de escoamento de um produto que tem mercado interno limitado, pela própria miséria da população. Assim a indústria e as atividades primárias do Terceiro Mundo reforçam o seu caráter expansivo, em vez de reforçar a sua interdependência em nível interno, com a concentração de renda ocupando o lugar central do modelo.

O custo extremamente elevado deste tipo de industrialização provoca também um agravamento dos desequilíbrios espaciais. Uma área industrial como a de São Paulo, por exemplo, a mais importante do Terceiro Mundo, assegura, pela própria presença das multinacionais, uma série de economias externas às novas empresas que se instalam, além das garantias políticas que representam as pressões das multinacionais junto ao governo local.

O resultado é que, no conjunto do Terceiro Mundo, a maior parte dos países e, em particular os mais pobres, que pela sua condição necessitariam maior esforço de modernização, acabam sem poder acompanhar o processo, e vemos que o ritmo

---

10. Naciones Unidas, *Desarrollo Humano: Informe 1992*, Nova York, 1992, p. 158.

de aumento da produção industrial é tanto menor quanto o é a renda por habitante:

TAXA DE AUMENTO DO VALOR AGREGADO MANUFATUREIRO
EM 85 PAÍSES EM DESENVOLVIMENTO, SEGUNDO CLASSES
DE RENDA, 1960-1975

Grupos	PNB por hab. (dólares/75)	Taxa de aumento	Porcentagem população	Número de países
Baixo	- de 265	5,2%	56,7	26
Médio baixo	265 a 520	7,1%	16,4	21
Médio	521 a 1.075	8,6%	17,3	21
Médio alto	1.076 a 2.000	7,3%	7,9	10
Alto	+ de 2.000	8,3%	1,6	7

Fonte: "World Industry Since 1960", ONUDI op. cit., p. 39.

Assim, os 26 países mais pobres, representando mais da metade da população, tiveram um desempenho bastante mais fraco, e *grosso modo* este desempenho reforça-se à medida que cresce o nível de renda. Como o ponto de partida dos países pobres é muito mais baixo, estas diferenças nas cifras relativas significam um aceleramento grande da polarização dentro do próprio Terceiro Mundo. Em outros termos, as ilhas de luxo que o processo constituiu não levam a efeitos de expansão regular e crescente através do Terceiro Mundo, reforçando-se pelo contrário os processos cumulativos de polarização. Hoje este problema se agrava pela queda geral do ritmo de acumulação industrial, que resulta do caos em que nos encontramos. O crescimento da produção industrial da América Latina caiu de uma média de 6,8% ao ano no período de 1965 a 1973, para 5,1% no período de 1973 a 1980, e 1,1% no período de 1980 a 1989. As cifras são positivas apenas no Leste asiático.

É preciso se tomar uma distância sobre o processo, para avaliar a gravidade histórica destes fatos. Nesse período de crescimento excepcionalmente dinâmico do capitalismo, o Terceiro Mundo participava com 8,1% da produção industrial mundial em 1963, 8,8% em 1970, e 11% em 1982. O aumento da parte do Terceiro Mundo na produção industrial mundial, em vinte anos, foi de cerca de 2,9%. Entre 1960 e 1982, entretanto, os países socialistas (sem a China) aumentaram a sua parte de 13,3% para 25,0%. Os objetivos generosamente fixados no Plano de Ação de Lima, em 1975, pelas Nações Unidas, de se chegar no ano 2000 a uma produção industrial do Terceiro Mundo de 25%, já foram reduzidos, mais realisticamente, para 15%. Isto quando o peso significativo em termos de produção moderna já está se deslocando para a área de serviços, na linha da produção "intensiva em conhecimento" e não mais em capital, nos países do Norte.

Filosofias à parte, estamos assistindo a uma estagnação impressionante dos quatro quintos do mundo capitalista, mal mascarada pelo vôo inseguro dos "pólos" industriais criados com a migração das companhias transnacionais para alguns centros privilegiados, e pelo crescimento de alguns dos "tigres" asiáticos.

De gravidade comparável ou maior é o efeito paralelo sobre a dilapidação dos recursos naturais não renováveis do Terceiro Mundo, e a desestruturação das comunidades rurais e da agricultura alimentar que resulta da reorientação da agricultura em função das necessidades de acumular divisas para o setor moderno e para o próprio Norte.

Os impasses do desenvolvimento industrial do Sul são bastante óbvios e eram previsíveis. Basta o bom senso para ver o absurdo de se inundar países do Terceiro Mundo, carentes de bens de produção para a agricultura e de bens de primeira necessidade para a população, com eletrodomésticos e automóveis. A preocupação e ampla discussão em torno do assunto hoje resulta do fato de que o impasse criado reflui sobre o próprio Norte, reforçando aí a recessão que a região enfrenta.

Com efeito, e retomando o processo conjunto Norte-Sul, a industrialização do pós-guerra concentrou-se amplamente no mesmo tipo de produção nos dois pólos. No Norte, no entanto, apesar de o mercado de automóveis e eletrodomésticos constituir-se em mercado de massas, a grande fase de expansão para equipar os cerca de 200 milhões de lares parece ter estancado, chegando-se, doravante, a um ritmo mais lento ligado à simples expansão demográfica.

Ao mesmo tempo, reduz-se sensivelmente esta segunda locomotiva do processo industrial do Norte, que era a expansão de pólos industriais para o Sul. A Comunidade Européia, por exemplo, estima que "teria havido, somente no território da Comunidade, 3 milhões de desempregados suplementares — 9 milhões em vez de 6 — se os países em desenvolvimento exportadores e não produtores de petróleo não tivessem mantido as suas importações de produtos manufaturados provenientes do Norte", e que "o equilíbrio atual da economia mundial depende em grande medida de uma corrente contínua de empréstimos privados aos países em desenvolvimento não produtores de petróleo (bem como à União Soviética e ao Leste europeu), em escala sem precedentes antes de 1974, e será posto em xeque por qualquer obstáculo a esta corrente".[11]

Temos assim o Norte frente a um dilema: os custos do financiamento de um aparelho industrial obsoleto instalado no Terceiro Mundo está se tornando pesado para o próprio Norte

---

11. "Examen Economique Annuel 1978-1979, CEE", *in* ONUDI, *L'industrie à l'horizon 2000,* Viena, 1979, p. 4.

— a dívida externa dos países do Sul já atinge 1,3 trilhão de dólares em 1990 —, constituindo um impasse em termos de financiamento, e a mesma desadaptação está tornando difícil a abertura de mercados novos no Sul —há limites no consumo de bens duráveis pelas camadas mais pobres —, constituindo um impasse em termos de mercados.

O dilema que aparece e se reflete nas grandes tomadas de posição, no Norte, frente à crise, é saber qual o mal menor, se aumentar ou pelo menos manter os mercados no Terceiro Mundo à custa de financiamentos crescentes, ou se reduzir os financiamentos cada vez mais onerosos e perder em termos de mercado.

O que aparece com clareza no próprio Sul, no entanto, é que as massas rurais deste têm cada vez mais dificuldade de financiar um desenvolvimento modernizado do qual não são — é o mínimo que se pode dizer — beneficiárias.

Esta parte agrícola do subdesenvolvimento foi e tem sido dramaticamente subestimada. No próprio interesse da expansão do aparelho industrial das companhias transnacionais tem-se dado grande relevo ao setor moderno, deixando de lado um aspecto essencial, o seu vínculo com as atividades econômicas primárias preexistentes.

Nos últimos anos, à medida que se têm feito sentir as limitações da modernização das últimas décadas, as análises voltam-se para o problema da demasiada importância dada à indústria no Terceiro Mundo, e do papel essencial que a agricultura tem de desempenhar no processo. Em outros termos, a forma de articulação da agricultura e da indústria constitui um elemento determinante da formação das estruturas econômicas, e o grande salto à frente da indústria leva-a a um estado de relativo isolamento e a efeitos estruturais negativos sobre o conjunto da economia.

Com efeito, a indústria, ao implantar processos de transformação prodigiosamente acelerados, tem efeitos estruturais sobre o conjunto da economia incomparavelmente maiores do que o valor relativo dos investimentos que necessita. E estes efeitos tanto podem ser muito benéficos como desastrosos, segundo a forma de sua implantação. Não se instala impunemente uma gigantesca empresa mecanizada, capaz de transformar milhares de toneladas de um produto agrícola, quando o agricultor ainda produz uma ou duas toneladas por ano com instrumentos rudimentares.

A instalação moderna pode, sem dúvida, exercer um efeito de pressão sobre formas ultrapassadas de produção e sobre estruturas agrárias inadequadas, ao induzir modernização em torno de si. Da mesma forma, se a pressão for demasiada e o "salto tecnológico" excessivamente largo, pode romper as estruturas preexistentes por excesso de pressão, sem permitir que se constituam novas estruturas adaptadas.

Em outros termos, é fundamental entendermos que o processo secular de ajuste entre a agricultura e a indústria constituiu uma peça-chave da industrialização no próprio Norte, e que a não resolução deste problema nas economias subdesenvolvidas leva necessariamente à falência do modelo e a enormes sacrifícios para a população.

Esquece-se freqüentemente que os pujantes modelos industriais modernos se apoiaram em amplos processos de reforma agrária e modernização agrícola, tanto na Europa (a Reforma), como nos Estados Unidos (Guerra de Secessão) e no Japão (última reforma no imediato pós-guerra).

A importância particular deste problema nos países subdesenvolvidos resulta de dois fatores. Primeiro, a tecnologia industrial que se implanta vem do Norte desenvolvido, existindo, portanto, *a priori*, uma grande distância tecnológica entre a agricultura e o novo setor moderno. Segundo, a própria divisão internacional do trabalho, que foi implantada nos países do Sul pelo Norte, reforçou no Terceiro Mundo o peso das atividades primárias e um sistema agrícola exportador hipertrofiado.

Assim, por mais que se queira assegurar ao país um amplo setor moderno e um desenvolvimento industrial pujante, não se pode esquecer este fato prosaico: os objetivos podem ser industriais, mas o ponto de partida é rural.

E, na medida em que no Terceiro Mundo as atividades primárias concentram mais da metade da população, a única maneira de não fazer uma modernização em circuito fechado voltada para as minorias privilegiadas e para as exportações, é ligá-la às necessidades da imensa maioria da população, às próprias atividades primárias.

Na falta das transformações agrárias capazes de dar um lastro interno e estável ao processo de desenvolvimento industrial, este mantém a sua dependência crescente dos financiamentos externos.

ASPECTOS FINANCEIROS DA CRISE

O desenvolvimento tem de ser financiado, e alguém tem que pagar a conta. No centro dos debates internacionais, do "diálogo" Norte-Sul, está justamente o problema de quem paga.

Antes de tudo, é preciso lembrar, no entanto, que os recursos não são o principal problema do desenvolvimento e do subdesenvolvimento. O aumento da produção e o desenvolvimento dependem, grosso modo, de três elementos principais: a qualificação do trabalhador, a organização sócio-econômica do trabalho e o equipamento. A maioria dos compêndios concentram-se sobre o aspecto de equipamento, quando a experiência já demonstrou amplamente que a educação e formação de mão-de-obra, por exemplo, trazem efeitos a mais longo prazo, mas muito mais amplos.

Um destaque particular tem de ser dado à organização. Com efeito, trata-se de medidas que permitem, sem dispêndio de capital, melhorar a produtividade dos trabalhadores. Um exemplo simples é dado pela cooperativa: o fato de um trator pertencer a uma cooperativa de agricultores que assegure a sua plena utilização o ano inteiro, que pode financiar o programa da sua manutenção e reposição de peças, leva a uma economia de investimentos ao mesmo tempo que permite um aumento da produção.

Mas outros exemplos mais simples podem ser citados: a reforma agrária, assegurando a todos os trabalhadores rurais o acesso à terra de boa qualidade e próxima dos mercados, pode aumentar a produção agrícola do país rapidamente, através de uma simples medida de reorganização da propriedade. Ao baratear assim os produtos alimentares agrícolas, a medida permite igualmente manter mais barata a mão-de-obra industrial, sem reduzir o seu nível de vida, o que por sua vez leva a melhores condições de expansão da produção industrial e melhor competitividade no nível mundial.

Em nível mais geral ainda, a redistribuição da renda, progressiva mas firme, levaria à reconversão da indústria em função das necessidades da população, abrindo um amplo mercado de massas para os produtores. Haveria menos capital concentrado em algumas mãos para a realização de investimentos, mas em compensação os investimentos seriam melhor localizados e efetivamente aproveitados.

A reconversão do perfil de produção industrial abre igualmente imensas possibilidades. Com efeito, a concentração na produção de bens de primeira necessidade leva a interessar o conjunto dos trabalhadores, diretamente, no desenvolvimento da produção, leva as zonas agrícolas mais pobres a tentar maiores esforços para sair do nível de auto-subsistência e adquirir os bens que lhes interessam. Por outro lado, a prioridade dada aos bens de produção agrícolas permite efetivamente sair, a prazo, do impasse financiamento/mercado: a produção desses bens em larga escala constitui um eixo de desenvolvimento industrial importante, envolvendo mecânica, química, etc. O aumento de produtividade agrícola que esses bens permitem leva à possibilidade de reforçar a formação do excedente agrícola sem reduzir o agricultor à miséria nem excluí-lo do mercado interno. Este é, sem dúvida, o eixo fundamental de mobilização dos recursos internos, já que cria simultaneamente mercado tanto para a indústria como para a agricultura, e capacidade de financiamento reforçada para ambos.

Por que esta insistência sobre os aspectos organizacionais do desenvolvimento? Porque é preciso tomar consciência de que o nosso drama de financiamento do desenvolvimento não existe porque nós estamos crescendo, e, sim, porque optamos por um tipo de desenvolvimento que, por não corresponder às necessidades mais gerais da população e não permitir uma generalização do aumento de produtividade, exige gigantescos recursos, tanto internos como externos. Em outros termos, o custo elevado do nosso desenvolvimento prende-se justamente ao fato de ele ser promovido sem a transformação da nossa organização econômica e social.[12]

Desenvolver a agricultura sem racionalizar o uso da terra através da reforma agrária — para evitar de tocar nos privilégios das minorias — exige investimentos em tecnologia moderna de um nível que acaba obrigando a nossa agricultura a deixar de servir para a nossa alimentação e a se virar para a exportação. A produção industrial sem distribuição de renda leva à produção de bens sofisticados para o mercado de luxo, que exige por sua vez tecnologia extremamente avançada e concentrada, com pouco efeito de difusão e elevados custos

---

12. O desenvolvimento de alto custo (*high cost development*) característico do nosso modelo é explicado no livro *Que Crise é Esta?*, editado pela Brasiliense, capítulo: "Crise: raízes internas e dinâmica internacional".

em divisas. O resultado é que a própria indústria que devia responder às nossas necessidades volta-se para o exterior para buscar divisas e continuar este modelo artificial.

Levantaremos um último exemplo, o do setor de serviços econômicos.

Não há dúvida nenhuma quanto à necessidade dos serviços. As mercadorias precisam ser transportadas, apresentadas e vendidas nas lojas pelos comerciantes, os financiamentos bancários devem ser assegurados.

No entanto, qualquer produtor sabe quando está frente a um serviço que o ajuda a produzir — organizando a fluidez dos recursos e mercadorias entre os dois grandes setores de produção, agricultura e indústria — e quando se trata de um empecilho burocrático que permite, através de uma função artificial, a um intermediário improdutivo se apropriar de uma parte do excedente criado pelos produtores.

No Brasil, enquanto os agricultores, que constituem em 1980 quase um terço da população ativa do país, recebem 10,3% da renda, no setor de serviços, só os intermediários financeiros, ou seja, os que lidam com o dinheiro dos outros, absorvem 10% da renda. A diferença para o país é que enquanto o agricultor, com estes 10% suplementares, poderia reinvestir na produção e alimentar a população com seus produtos, o intermediário financeiro, excluindo-se uma pequena faixa efetivamente necessária para o funcionamento do sistema, constitui um parasita que esteriliza o excedente produzido ao transformá-lo em consumo de luxo ou intermediações desnecessárias. Atualmente, a participação da intermediação financeira no produto subiu para cerca de 14%, custando ao país cerca de 50 bilhões de dólares por ano.

A hipertrofia do terciário, fenômeno que afeta o conjunto dos países subdesenvolvidos, é mais um dos fatos que mostram que bastaria reorientar corretamente os recursos internos do país através de medidas organizativas em nível político e social, para se poder financiar amplamente um desenvolvimento dinâmico.

O problema do financiamento constitui, portanto, antes de tudo, o resultado de uma política irracional definida pelos modelos elitistas adotados no Terceiro Mundo, e não um fato inexorável frente ao qual os capitalistas suspiram, impotentes e resignados.

Quando analisamos o peso e a dificuldade de financiar o desenvolvimento no Terceiro Mundo, falamos, por conseguinte, da dificuldade dentro do modelo atual, com plena consciência de que o problema-chave não é o de ter os recursos e, sim, o de utilizá-los corretamente.

A construção de um país não se faz com dinheiro. Faz-se com trabalho, máquinas, matérias-primas. O dinheiro e os diversos sistemas de representação da riqueza não têm função de produzi-la e, sim, de canalizá-la para determinados grupos em detrimento de outros.

Para a economia como um todo, aumentar a capacidade produtiva significa empregar recursos concretos para criar novos meios de produção. Em outros termos, no processo de produção é preciso escolher entre produzir pão ou máquinas, bens de consumo ou bens de produção. Os primeiros aumentam o nosso bem-estar imediato. Os segundos implicam que se comerá menos pão durante algum tempo — enquanto os recursos são desviados para a criação de meios de produção — para se poder comer mais amanhã.

Este fato aparentemente tão óbvio — que os recursos utilizados para produzir máquinas não podem produzir simultaneamente bens de consumo — é de primeira importância, pois implica que para cada máquina produzida é necessária a poupança equivalente. O trabalhador, que, em última instância, financia o desenvolvimento, já que é ele que cria todos os fatores de produção, deverá reduzir o seu consumo proporcionalmente ao esforço de investimento realizado.

Isto coloca limites muito sérios à capacidade de financiamento do desenvolvimento, em países de nível de renda relativamente baixo: como reduzir o consumo de quem já está na miséria, para investir e elevar o seu nível de vida?

O dilema fica claro no quadro seguinte:

PARTE DA FORMAÇÃO BRUTA DE CAPITAL FIXO NO PIB
DOS PAÍSES EM DESENVOLVIMENTO,
EM PORCENTAGEM 1960 A 1975

Países	Dólares	1960-1962	1967-1969	1973-1975
Baixo	- de 265	13,2	14,4	14,4
Médio baixo	265 a 520	14,7	16,6	20,4
Médio	521 a 1.075	17,5	18,4	23,2
Médio sup.	1.076 a 2.000	18,3	18,8	21,5
Alto	+ de 2.000	20,1	23,3	23,0

Fonte: "World Industry since 1960", ONUDI, *op. cit.*, p. 287

Vemos no quadro acima como os diversos países subdesenvolvidos, segundo o seu nível de renda per capita, repartiram o seu produto em bens de consumo e em esforço de formação de capital. Nos países mais pobres, por exemplo, com renda per capita de menos de 265 dólares em 1975, em cada 100 dólares 14,4 foram utilizados para formar o capital fixo do país, e o resto, 85,6 dólares, foi para o consumo. Como pedir maior sacrifício a uma população que já está no limite da sobrevivência?

E o que representa esta sua pequena poupança? Trata-se, num país de 265 dólares de renda per capita, de cerca de 38 dólares por habitante e por ano. Como equipar a força de trabalho de um país, com recursos internos, com 38 dólares por ano? Um posto de trabalho industrial custa, no mínimo, cerca de 50 mil dólares nos países pobres... Assim, ao vermos o quadro acima, constatamos que, quanto mais pobre o país, menor a parcela da sua renda que é dedicada ao investimento, quando deveria investir mais que os outros para recuperar o atraso. Um país de 2 mil dólares de renda per capita dedica recursos no valor de 460 dólares, por ano e por pessoa, para equipar melhor o trabalhador. E os países do Norte, com renda de 20 mil dólares, mesmo que dediquem apenas 20% dos seus recursos para a formação de capital, estarão utilizando 4 mil dólares por ano e por habitante para adquirir novas tecnologias e aumentar a sua capacidade de produção.

É óbvio, portanto, que a perspectiva é de polarização, o mais avantajado dispondo de mais meios para reforçar ainda mais a sua superioridade, e que os mecanismos do equilíbrio previstos pelos neoclássicos e ressuscitados pelos monetaristas americanos simplesmente constituem uma ficção quando se trata de problemas estruturais.

A extrema limitação da capacidade própria de financiar o desenvolvimento nos países subdesenvolvidos é agravada pelo fato de não bastar orientar recursos e fatores de produção internos para a formação de capital. Com efeito, na medida em que grande parte da tecnologia vem do Norte, e é controlada pelas multinacionais, os recursos internos poupados devem ser transformados em divisas. Nesta transformação os países subdesenvolvidos são profundamente lesados, a ponto de o financiamento do desenvolvimento através das exportações somente ser possível em alguns casos extremamente particulares, como o dos países exportadores de petróleo.

Dois mecanismos básicos tornaram possível esta exploração do Sul pelo Norte no quadro do mercado internacional. O primeiro, descrito por Prebisch, é o da deterioração dos termos de troca, que faz com que, a cada ano, os países do Sul sejam obrigados a oferecer mais produtos para cada bem que importam do Norte. O segundo, descrito por Arghiri Emmanuel, é a troca desigual, e constitui simplesmente o prolongamento histórico do primeiro. Trata-se da subvalorização da mão-de-obra do Terceiro Mundo, que torna possível, por exemplo, que o produto de quinze trabalhadores dos países subdesenvolvidos seja trocado pelo produto de um trabalhador do Norte, mesmo em condições de igual produtividade.[13]

É fato que os países subdesenvolvidos têm realizado enormes esforços para adquirir as divisas necessárias ao seu desenvolvimento no modelo atual, através das exportações. Estas passaram de menos de 100 bilhões de dólares em 1970, para 342 bilhões em 1978 e 450 bilhões em 1988. O Terceiro Mundo exporta, assim, mais de 150 dólares por pessoa.

A luta pela exportação primária, e em particular a agrícola, levou a efeitos estruturais desastrosos em grande parte do Terceiro Mundo, com o enfraquecimento do nível alimentar das populações, o esgotamento das terras pela monocultura, e desastres ecológicos cujo impacto começa apenas a se fazer sentir. Hoje, a exportação agrícola como solução ao problema das divisas está entrando num impasse: as necessidades ultrapassam de longe o que esta pode fornecer. A indústria, conforme vimos, optou no Terceiro Mundo por um modelo que a torna tributária de importações crescentes e dispêndios em divisas mais que

---

13. O leitor encontrará uma descrição dos dois mecanismos, com exemplos, no artigo de Eginardo Pires, "Deterioração dos Termos de Troca e Intercâmbio Desigual", *Revista de Economia Política*, abril-junho de 1981.

proporcionais às divisas economizadas pela produção local dos bens antes importados.

Este impasse traduz-se, nos últimos anos, numa progressão geométrica da dívida externa do Terceiro Mundo: na falta de poder encontrar as divisas necessárias com os seus recursos, os países subdesenvolvidos mantêm hoje os seus claudicantes modelos com uma prodigiosa muleta, a dívida externa.

A cobertura deste déficit pelo endividamento era inicialmente evitada, e no período 1964-1968 os países subdesenvolvidos puderam apoiar-se em financiamentos sob forma de ajuda no valor de 5,9 bilhões de dólares, o que representava 58,7% dos recursos transferidos dos países do Norte. No entanto, a ajuda ao desenvolvimento foi perdendo rapidamente o seu peso relativo, baixando de 58,7% em 1964-1966 para 35% em 1976 e 29,7% em 1977. De uma ajuda que chegou a representar perto de meio por cento do produto nacional bruto dos países ricos no início dos anos 60, chegamos hoje a um nível de cerca de 0,30%.[14]

Com a relativa retração dos países do Norte, os do Sul foram forçados, para manter o ritmo ou pelo menos não se verem paralisados com o agravamento da situação energética, a se endividar cada vez mais em termos comerciais junto a bancos privados do Norte. Em conseqüência, a dívida do Terceiro Mundo explodiu literalmente nos últimos anos. Segundo as Nações Unidas, "a dívida externa total dos países em desenvolvimento foi multiplicada por 13 nas últimas duas décadas: 100 bilhões de dólares em 1970, cerca de 650 bilhões em 1980, e aproximadamente 1.350 bilhões em 1990... No período 1983-89 os países credores receberam a assombrosa quantia de 242 bilhões de dólares em transferências líquidas resultando

---

14. "World Industry since 1960", ONUDI, *op. cit.*, p. 292.

de empréstimos de longo prazo de países em desenvolvimento endividados".[15]

Será paga algum dia uma dívida deste montante? Antes fosse possível pagá-la, para lançar um desenvolvimento de outro estilo. A realidade é que a dívida não se paga, se "rola", ou seja, buscam-se novos empréstimos para saldar as dívidas anteriores, cumulando os juros, e reduzindo cada vez mais a própria utilidade do endividamento para o progresso.

Assim, o Banco Mundial apresenta, no seu relatório de 1980 sobre o desenvolvimento mundial, uma vista geral da utilização dos empréstimos contraídos. Em 1970, cerca de 55% dos créditos obtidos serviam para pagar amortização e juros, e 45% permitiam adquirir produtos no exterior. Em 1980, a parte destinada a pagar juros e amortização passou para cerca de 70%, ficando apenas 30% para importações.

No período mais recente esta situação agravou-se de maneira dramática. Veja-se esta avaliação do Banco Mundial no seu relatório de 1990: "Até 1983 a América Latina conheceu regularmente uma transferência líquida positiva de dívida de longo prazo (com exceção dos créditos do FMI): os empréstimos ultrapassavam os volumes utilizados para saldar as dívidas. Depois de 1984, isto mudou dramaticamente. Entre 1984 e 1989 as transferências líquidas totais foram de -153 bilhões, levando a um fluxo anual médio de -25 bilhões de dólares, cerca de 15% das exportações da região".[16] Assim, em vez de receber financiamentos externos, a América Latina está hoje financiando os países do Norte, com um volume gigantesco de 25 bilhões de dólares ao ano, em transferências reais.

---

15. Naciones Unidas, *Desarrollo Humano: Informe 1992*, Nova York, 1992, p. 108.

16. *World Development Report 1990*, World Bank, p. 14.

A dívida externa não representa um problema dramático para um país soberano, capaz de avaliar inclusive quanto os próprios bancos levaram de lucros sobre os empréstimos, ou quanto está sendo levado sob forma de exportação de lucros pelas companhias transnacionais associadas a estes bancos, e de negociar em termos políticos e realistas um reajuste global da situação.

Mais difícil, no entanto, é negociar isto com as multinacionais instaladas dentro do país, dispondo de uma capacidade de pressão política sobre o governo maior do que a da própria população. O resultado tende a ser um reforço global da orientação da economia em função dos problemas da balança de pagamentos, ficando cada vez mais esquecida a razão fundamental de todo o processo do desenvolvimento, que é de responder às necessidades do povo.

Estes efeitos deformadores da economia são seguramente os mais danosos para o Terceiro Mundo. No entanto, o próprio pagamento da dívida está-se tornando cada vez mais difícil e, à medida que percebem que os recursos naturais estão sendo dilapidados para aventuras econômicas sem futuro, que a agricultura está sendo destruída e serve a interesses alheios, que a indústria produz de tudo mas não o que é necessário para as populações e para o desenvolvimento equilibrado, os povos do Terceiro Mundo tomam consciência de que constituem os quatro quintos da população do sistema capitalista, lançando, a partir de 1974, a luta por uma reorganização global das relações Norte-Sul, no que ficou denominado a Nova Ordem Econômica Internacional.

Na realidade, a crise chegou a um ponto em que deixa gradualmente o campo econômico, para assumir dimensão política em nível mundial.

A LUTA POR UMA NOVA ORDEM INTERNACIONAL

O processo a que assistimos é de grande importância histórica. Com efeito, trata-se de um despertar dos povos colonizados, dominados, explorados, contra o sistema da sua espoliação econômica, cultural e política.

Este despertar é recente. E, no entanto, ao tentar entender o fenômeno, vimos como as suas raízes são antigas e profundas.

Por que esta tomada de consciência recente de um fato tão claro como o do direito de qualquer homem, em qualquer país, ao mínimo necessário à sua sobrevivência, à dignidade, ao respeito?

A realidade é que, enquanto os problemas acumulavam-se no Sul, a "civilização" fechava os olhos sobre a fome, a escravidão, o racismo, o genocídio. Hoje, a situação modifica-se na medida em que a crise e os problemas do Sul refluem sobre o próprio Norte. O que dizia em substância o presidente da

França François Mitterand na reunião de Cancun é que não há solução para a crise no Norte sem solução para o Sul.

O que se passa é, portanto, relativamente simples. De tanto ser explorado, corrompido, desrespeitado nas suas opções e necessidades, o Terceiro Mundo chegou a um nível de caos econômico, social e político que prejudica a sua própria contribuição ao desenvolvimento do Norte.

Cada capitalista busca, racionalmente, privilégios. Mas o capitalismo, como sistema, não pode viver só de privilégios. Que interesse representam para ele as massas camponesas miseráveis, que não podem consumir os seus produtos, e nem sequer utilizar os seus meios de produção para sair desta miséria? Que interesse tem para ele uma agricultura desintegrada, incapaz de fornecer produtos melhores e em maior quantidade? Que perspectiva histórica real tem uma industrialização permanentemente vinculada ao cordão umbilical de tecnologia, incapaz de criar o seu próprio ímpeto, sobrevivendo às custas de dívidas crescentes?

O capitalismo, é claro, não recolhe mais do que semeou: a monocultura agroexportadora arruinou as perspectivas do mundo rural e destruiu os seus equilíbrios ecológicos; o desenvolvimento industrial promovido pelas multinacionais criou monstros tecnológicos desadaptados. Ao se estruturar uma economia em função de necessidades externas, como esperar que ela não dependa do exterior ou que responda às necessidades internas?

Do ponto de vista do próprio mecanismo instituído pelo Norte, chegou-se a um impasse. A economia tornou-se internacional, enquanto os instrumentos de controle da política econômica continuam a ser, fundamentalmente, nacionais. As multinacionais ocuparam assim um espaço vazio, enquanto os poucos instrumentos como o Fundo Monetário Internacional e o GATT estão totalmente ultrapassados.

Do ponto de vista dos países subdesenvolvidos, torna-se claro que não há como esperar que as multinacionais defendam interesses que não são os delas. Vincular o nosso desenvolvimento à extensão pura e simples da prosperidade do Norte levou a um impasse. Hoje, o ponto-chave é o do Terceiro Mundo buscar as próprias vias, tomar o seu desenvolvimento nas suas próprias mãos.

Os objetivos são globalmente conhecidos e amplamente discutidos em nível internacional:

- Assegurar a democratização, para que o desenvolvimento possa se fazer em função das necessidades do povo e não de minorias vinculadas ao exterior. E não há economia para o povo sem participação dele nas decisões. Como não há produção para o povo sem que ele participe, pela justa distribuição da renda, dos frutos do seu esforço.
- Assegurar a utilização dos fatores de produção — mão-de-obra, terra, máquinas, divisas disponíveis — em função das prioridades do desenvolvimento nacional. Isto implica a reforma agrária, o controle das multinacionais e dos fluxos financeiros, uma redefinição do Estado para que tenha a agilidade e eficiência exigidas pelas formas modernas de gestão econômica.
- Reorientar a agricultura em função das necessidades alimentares básicas, de maneira a assegurar ao povo um mínimo de conforto físico e de dignidade. Será preciso lembrar ainda que milhões de pessoas morrem de fome em cada ano que passa, no Terceiro Mundo, e que mais de um bilhão de pessoas encontram-se em estado de miséria absoluta?
- Reorientar a indústria, adaptando-a às necessidades básicas da população e à produção dos bens de produção que permitam o crescimento horizontal e extensivo do equipamento de trabalho, em vez da mera implantação vertical de ilhas

de tecnologia intensiva. No Terceiro Mundo, grande parte da população ativa olha de braços cruzados para as minorias que utilizam os últimos milagres tecnológicos do mundo desenvolvido.
- Reorientar os serviços, reduzindo progressivamente a ampla faixa de parasitas que vivem da intermediação do trabalho dos outros, reforçando os serviços sociais que constituem uma exigência humana básica, e utilizando o enorme poder racionalizador que técnicas simples como a informática hoje permitem, reforçando assim a base produtiva do país.
- Redefinir o sistema internacional que, além de absurdamente injusto, leva à reprodução, dentro dos países subdesenvolvidos e com o apoio de camadas privilegiadas locais, de um sistema que paralisa ou deforma o desenvolvimento.

Com mais ou menos ênfase, com diferenças ditadas pela necessidade de se respeitar os diferentes estágios de desenvolvimento atingidos e as particularidades de cada país, o caminho é este, e o problema não está em descobrir o que fazer, e sim de lutar por uma relação de forças que permita tomar as iniciativas necessárias.

O chamado diálogo Norte-Sul e a luta do Terceiro Mundo são, portanto, antes de tudo uma luta pelo direito à voz, à palavra, antes de ser direito à ação.

Entre a reunião de Bretton Woods em 1948, pacto que fundamenta a organização atual do mundo capitalista, ainda sem a participação do mundo subdesenvolvido — provavelmente a última conferência que ainda obedeceu ao estilo da Conferência de Berlim de 1885 — e as reuniões atuais no quadro das Nações Unidas, em que mais de 130 países subdesenvolvidos apresentam posições comuns, o caminho percorrido foi enorme.

Não que tenham sido adotadas soluções que favoreçam o Terceiro Mundo e rompam o círculo vicioso de empobrecimento de quem já é pobre: as relações de força não o permitem. Mas o movimento lançado em Bandung em 1956 levou a uma dinâmica política que permite hoje ampla mobilização internacional, e prepara no terreno político para as inevitáveis reformas econômicas de amanhã.

Vejamos alguns pontos de referência. Em Bandung, em 1956, reúnem-se, pela primeira vez, os representantes do Terceiro Mundo, com a presença de 29 países da África e da Ásia. Dessa reunião resulta o Movimento de Países Não Alinhados.

Em 1962, 77 países do Terceiro Mundo criam o "Grupo dos 77", hoje composto de 130 países que buscam a defesa dos interesses do Terceiro Mundo no quadro das Nações Unidas, e criam a CNUCED. No Chile de Allende, em 1972, a III CNUCED debate o problema de uma Nova Ordem Econômica internacional, a divisão internacional do trabalho, as atividades das empresas multinacionais no Terceiro Mundo. Em 1974, aprova-se, em sessão especial das Nações Unidas, um programa de ação por uma Nova Ordem Econômica Internacional, com objetivos precisos. A partir daí, as reuniões internacionais multiplicam-se até constituírem um fórum quase permanente, em que são postos em questão, entre outros, os preços das matérias-primas, a dívida externa, a transferência de tecnologia, a conduta das multinacionais, a rapina dos recursos naturais, a ordem monetária internacional, os direitos sobre o mar, o controle do comércio internacional.

Trata-se, é preciso reconhecê-lo, de palavras. Palavras em Buenos Aires (relações Sul-Sul, 1979), em Viena (transferência de tecnologia, 1980), em Nova Delhi (industrialização do Terceiro Mundo, 1980), em Paris (países menos avançados, 1981). E nos anos 80, constatou-se um amplo recuo, com a ofensiva conservadora dos Estados Unidos, manifestada através do uso político da dívida, do reforço do FMI e da pressão contra as Nações Unidas.

O fato é que a miséria aumenta, a crise aprofunda-se e as concessões por parte dos que têm de fazê-las, ou seja, dos privilegiados, são nulas. No entanto, o conjunto do movimento criado está se generalizando através do Terceiro Mundo, e já há em vários países do Norte a convicção de que não adianta lutar por um artigo ou outro nos tratados. Trata-se de pôr em questão, globalmente, a estrutura tal como existe, através de negociações globais.

A cimeira de Cancun (México, 1981) coloca já claramente este objetivo no centro das negociações, e ninguém espera resultados práticos já. O problema é bem mais amplo, e trata-se provavelmente do maior desafio até hoje enfrentado pela humanidade: o da ruptura do sistema de reprodução da pobreza e dos privilégios em nível mundial.

Durante os últimos anos, não há dúvida que a luta do Terceiro Mundo arrefeceu, na própria medida em que o aprofundamento da crise criou uma paralisia sem precedente e, inclusive, uma regressão econômica global.

Um elemento novo importante nesta luta é o problema do meio ambiente. A Conferência Rio-92, que pela primeira vez reuniu a quase totalidade dos chefes de governo do mundo, permitiu uma tomada de consciência de que é a sobrevivência da humanidade que se vê ameaçada pelo modelo atual. Não há mais como defender uma situação que permite que um grupo de países consuma 70% da energia mundial, 75% dos metais, 85% da madeira, 60% dos alimentos, e ainda se queixe das políticas ambientais dos países pobres.

A luta do Terceiro Mundo também foi profundamente alterada pelas transformações dos países do Leste. Na medida em que a luta Leste/Oeste deixa de ser o grande pólo de atenções da política internacional, sobe para o primeiro plano este gigantesco muro de Berlim do próprio capitalismo, o muro da miséria, da violência e da discriminação internacional que nos afeta.

A "derrubada" deste muro só se alcança, ou só se inicia o processo, através de um prodigioso esforço de mobilização e de tomada de consciência.

Esta é a etapa. Quanto às transformações, virão inevitavelmente, tanto do aprofundamento da crise, estímulo prodigioso porque atinge inclusive os privilégios, como da pressão organizada dentro de cada país.

Em dois séculos de Revolução Industrial, quarenta anos de progresso científico, tecnológico e industrial sem precedentes, o mundo tornou-se pequeno. Tentar manter os privilégios e o sistema internacional e nacional vigentes tornou-se simplesmente uma posição retrógrada e desumana, que coloca em risco a sobrevivência do planeta.

INDICAÇÕES PARA LEITURA

O presente trabalho constitui, evidentemente, um pequeno resumo destinado a mostrar o quadro geral da situação. No entanto, o leitor que quiser aprofundar-se poderá recorrer a numerosos estudos. Um excelente ponto de partida é o trabalho de Mohammed Bedjaoui, *Para Uma Nova Ordem Econômica Internacional,* editado no Brasil pela Martins Fontes em 1980, e que apresenta o quadro das relações Norte-Sul e o combate do Terceiro Mundo pela sua emancipação. Uma excelente introdução à parte histórica pode ser encontrada em *A Herança Colonial da América Latina,* de Barbara e Stanley Stein, editado pela Paz e Terra em 1976. A análise econômica do capitalismo mundial poderá ser procurada nas excelentes obras de Samir Amin e de André Gunder Frank, enquanto o aspecto metodológico está bem focado num pequeno livro de Fernando Henrique Cardoso e Enzo Faletto, *Dependência e Desenvolvimento na América Latina.* Para uma análise da inserção do Brasil na economia capitalista mundial, o leitor poderá procurar dois livros básicos, *A Formação Econômica do Brasil,* de Celso Furtado, e a *História Econômica do Brasil,* de Caio Prado Júnior, podendo ainda ser consultado o nosso *A Formação do Capitalismo Dependente no Brasil,* que foca especificamente este assunto. O impacto das relações Norte-Sul na Ásia pode ser abordado através das excelentes obras de Gunnar Myrdal, em particular *O Drama da Ásia,* enquanto que para a África poderão ser consultados os trabalhos de Catherine Coquery Vidrovitch para a parte histórica, os de Basil Davidson relativos à história das lutas de libertação, e os de René Dumont focando o drama do desenvolvimento rural africano. Para um acompanhamento regular da problemática do Terceiro Mundo, o leitor poderá procurar a revista *Cadernos do Terceiro Mundo,* com versão brasileira editada no Rio de Janeiro. Dois trabalhos recentes constituem consulta obrigatória, e contêm dados atuais e bem organizados sobre o nosso "muro de Berlim" da pobreza no Terceiro Mundo: o *Relatório sobre o Desenvolvimento Mundial 1990*, intitulado sinteticamente *Pobreza,* editado no Brasil pela Fundação Getúlio Vargas; e sobretudo o *Relatório sobre o Desenvolvimento Humano 1992,* das Nações Unidas, disponível nos escritórios das Nações Unidas, que sintetiza e analisa os dados mais importantes referentes à situação atual do Terceiro Mundo.

Sobre o autor

Nasci na França em 1941, filho de poloneses que, com o final da II Guerra, emigraram para o Brasil. Em 1963 naturalizei-me brasileiro, sem saber o que se preparava para o ano seguinte. Em 1964, viajei para a Suíça, formando-me em Economia Política pela Universidade de Lausanne, com bons neoclássicos e banqueiros. cometi o erro de voltar e fui exilado em 1970 pelo regime militar. Fiquei dois anos na Argélia, recuperando a saúde e realizando pesquisas. Com a ajuda de uma bolsa de estudos na Polônia, fiz o mestrado e o doutorado em Ciências Econômicas, na Escola Central de Planejamento e Estatística, na linha de Oskar Lange e Michal Kalecki. Com a Revolução dos Cravos em Portugal, fui convidado para trabalhar na Universidade de Coimbra. Em 1977, a recém-independente Guiné-Bissau convidou-me para o cargo de assessor técnico do ministro do planejamento da Guiné-Bissau, Vasco Cabral. Ali fiquei quatro anos, descobrindo a distância entre o que se estuda e o que se aplica, em matéria de Planejamento. Com a anistia de 1981, voltei ao Brasil, tornando-me professor de pós-graduação da PUC de São Paulo, mas continuei a trabalhar na organização de sistemas descentralizados e participativos de gestão econômica, na Guiné Equatorial, em 1984, na Nicarágua, em 1987, no Equador, em 1990, no quadro das Nações Unidas. No período 1989-92 fui assessor de Relações Internacionais e secretário de Negócios Extraordinários da Prefeitura de São Paulo.

Tenho diversos livros publicados, entre os quais *O que é Capital* (Primeiros Passos, Brasiliense); *Formação do Capitalismo Dependente no Brasil*; *Guiné-Bissau: a Busca da Independência Econômica* (ambos da Coleção Tudo é História, Brasiliense); *Introdução ao Planejamento Municipal*, também pela Brasiliense; e *Aspectos Econômicos da Educação*, pela Ática.

Serviços de impressão e acabamento
executados, a partir de filmes fornecidos,
nas oficinas gráficas da EDITORA SANTUÁRIO
Fone: (012) 565-2140 - Fax (012) 565-2141
http://www.redemptor.com.br - Aparecida-SP